JN438690

잘사는 게 뭐지?

이동민 수필집

수필과비평사

■ 책을 내면서

거의 20년쯤 전에 첫 번째 수필집 ≪떠내려간 고향≫을 꾸미면서 이렇게 썼다. "수필을 잘 써보겠다는 욕심보다는 삶의 자취를 남기고 싶다."

2006년에 ≪뭐하는 짓이고?≫라는 제목으로 다섯 번째의 수필집을 출간하였다. 제목에 나의 삶에 깔려있는 깊은 회의를 담으려고 하였다. 내가 마치 선의 수행자나 되는 듯이 기고만장하여 살아온 자취를 수필에서 보고 부끄러웠기 때문이다

이후로는 붓을 꺾고 수필을 더 이상 쓰지 않겠다고 마음먹었다. 그러나 글쓰기는 무의식의 욕망이었나 보다. 나의 의지와는 무관하게 한 편, 두 편 모이다 보니 책 한 권 분량이 되었다. 원고를 정리하면서 내 삶의 자취를 보니 내가 옳았다고 말할 수 있을까, 라는 의문은 여전하였다.

글을 다섯 부분으로 나누었다. 첫 장은 '나는 누구인가'를 짚어 보았다. 둘째 장은 삶의 현장에서 느낀 것을 써 보았다. 셋째 장은 나름대로 교훈적이랄까, 깨달음이랄까, 를 적었다. 넷째 장은 그림에 관한 것이고, 다섯째 장은 답사 여행기이다. 나의 지난 수필집에도 그림과 여행 이야기는 감초처럼 담았다.

그림과 답사는 아내와 함께 손을 잡고 즐기는 취미라서 수필의 소재라기보다는 노후 생활을 즐겁게 해주는 양념이다.

2012. 8.

이동민

차 례

1 기억의 흔적

••2 숨어서 우는 사람들

••• 3 내가 행복한 시간

4 묵향과 악취

5 생각하면 그리운…

기억의 흔적

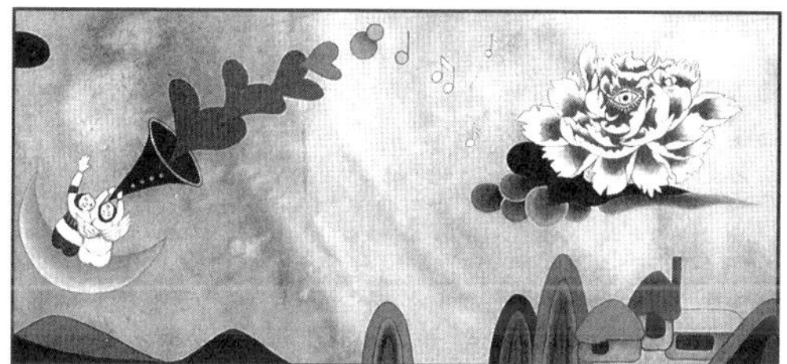

가정의 달에

오월은 아름다운 달이다. 겨우내 메말랐던 대지를 꽃들이 온통 뒤덮고 있다. 환희가 넘친다.

지난날에는 오월이면 아이들을 데리고 나들이를 자주 하였다. 야외에서 제 세상을 만난 듯이 뛰어다니는 아이들을 바라보면 나도 마음이 화사해졌다.

오월이면 시골에 계시는 어머니를 뵈러 갔다. 시골 집에 갔을 때 어머니는 이웃 할머니들과 초파일에 통도사를 다녀왔던 이야기를 하셨다. 짧은 거리여도 버스를 타면 멀미를 하는 어머니는 그날도 절 구경은커녕 버스에서 내리지도 못하였다면서 푸념을 하셨다.

다음 해에 초파일을 앞두고 어머니를 뵈러 가자 "초파일에 해인사에 간다면서 동네 할마시(할머니)들이 야단이제. 그 절은 많이 멀제. 멀미 때문에 나는 못 가겠다."라고 하셨다. 그래서 "그럼, 통도사보다 훨씬 더 멀어서 엄마는 멀미 때문에 힘들 거야."라고 나는 아무 생각 없이 대답하였다. "그렇대두 동네 할마시들이 아들이 의사인데 멀미약을 지어 달래라더라. 그런 약이 없지?"라며 내 눈치를 살폈다. "있기는 하지만, 엄마는 멀미가 너무 심해서 소용이 없을 거야. 집에서 푹 쉬는 게 건강에 좋아."라고 대답하자 어머니는 아무 말도 하지 않았다. 지금 생각해 보면 어머니는 나에게 은근히 기대를 하고 있었던 것이 틀림없는데 나는 그 마음을 조금도 헤아리지 못하였다.

성인이 된 아들 내외가 어버이날이라면서 찾아왔다. 나는 모처럼 가족이 모였으니 예전처럼 나들이나 가자고 하였다. 시골의 한적한 식당에 들렀다. 지난날의 어머니 나이인 지금의 나는 아들과 나들이를 나온 것이 너무 즐거웠다.

식당 안에서는 창 쪽에 호호할머니가 허름한 차림의 중년 남자와 마주 앉아 있었다. 아들인 듯한 남자는 밥 숟가락 위에 조심스레 반찬을 얹어서 할머니의 입에 넣어 주었다. 순간 나는 가슴이 뭉클했다. 다른 식구들은 왜 보이지 않을까? 넉넉지 못한 살림으로 아들은 연로한 어머니만 모시고 가족 몰래 나온 것일까?

"차멀미 약이 있제?" 하던 어머니의 모습이 겹쳐왔다. 그때 나는 해인사 나들이를 할 수 없어서 섭섭해 하였을 어머니를 모시고 외식하러 갈 생각을 왜 못하였을까? 무심했던 내 모습이 가슴을 아리게 한다.

내 아픈 마음쯤은 아랑곳없이 우리 가족들은 기분이 들떠서 떠들고 있었다. 나는 창가에서 식사하는 할머니와 아들을 곁눈질하면서 아픈 마음을 달래고 있었다.

내일모레가 초파일인데--.

반쪽 이야기

"네가 준 용돈을 모았더니 꽤 되더라." 그 말을 하기가 무척 어려웠던지 어머니는 주저주저하면서 이렇게 말을 꺼냈다. 느닷없이 왜 이 말을 하는지 의아하여 어머니를 물끄러미 바라보았다.

"○○가 이번에 입학하였는데, 그 돈으로는 많이 모자라서－."

그제서야 나는 어머니가 무슨 말을 하려는지 짐작이 갔다. ○○는 형님의 아들이다. 얼마나 모자라느냐는 내 말에 반색을 하면서, 이번 한 번만 입학금에 돈을 보태 줄 수가 없겠느냐고 하였다. 그러겠다고 약속하였다. 이것도 벌써 먼 옛날의 이야기가 되어 버렸다.

학교를 졸업하고, 결혼도 하고, 개원하여 안정된 생활을 꾸리고 있을 때였다. 어머니는 지나가듯이 이런 말을 하였다. 내가 대학 입학

시험을 보러 가던 날 밤, 온밤을 지새우면서 시험에 떨어지게 해줍시사 천주님께 빌었다고 하였다. 나는 그냥 웃고 말았다. 그러나 어머니는 그것이 멍에가 되어서 마음속을 오랫동안 짓누르고 있었던 모양이다. 나는 정말 무심코 흘려 버렸다. 그러나 수십 년 세월이 지난 지금에야 그 말이 귓전을 맴돌면서 마음을 흔든다. 그 말에는 내가 잊고 있었던 어릴 적 추억들이 많이 담겨 있기 때문이다.

고등학교를 다닐 적에는 소설가가 되겠다는 환상 속을 헤맸다. 글짓기에 솜씨가 있다는 국어 선생님의 말 한마디가 가슴속에 남아서 나에게 소설가의 꿈을 꾸도록 하였다. 열심히 문예반 활동을 하였고, 백일장에 나가서 입상도 하였다.

무슨 연유로 꿈을 접고 의과대학에 지망하였는지는 생각나지 않는다. 지금도 환자를 진료하기보다는 책을 읽고, 글을 쓰는 일이 더 즐겁다. 이것을 보면 의과대학에 진학한 것은 내 취향이 아니었음이 분명하다. 그때 나는 어른이 되어서 가족을 부양하는 일에 두려움을 느꼈다. 생활에 쪼들려 힘겹게 사는 어머니의 모습이 알게 모르게 나의 꿈을 접게 하였으리라고 추측해 본다.

기억 속에 남아 있는 어릴 적 어머니는 이야기꾼이었다. 증조할아버지, 할아버지, 아버지의 이야기를 정말 구수하고, 재미있게 들려주었다. 학교라고는 문턱에 닿아보지도 못하였던 어머니가 들려준 이야기를 경청한 것은 순전히 어머니의 입담 때문이었다. 지금 생각해 보니 그게 바로 우리 집의 내력이었고, 가족사였다. 내가 수필을 쓰고 있는 쥐꼬리만 한 재능이 있다고 한다면 그것은 순전히 어머니의 덕택이다.

내 입학금을 마련하여 건네주면서 너는 공부만 열심히 하여라. 돈은 어떤 일이 있더라도 내가 마련해 줄 테니 염려하지 말라는 말을 곧이곧대로 듣고 나는 아주 가벼운 마음이 되었다. 그 말은 나의 이야기에서 내가 살아온 이야기만을 하고 있는 것이 반쪽의 이야기가 되게 하였다.

어릴 때의 기억에 남아 있는 어머니는 마당이 너른 시골집의 안방에 앉아서 바깥을 내려다보던 당당한 모습이었다. 마당을 분주히 오가던 머슴과 일꾼에게 이것저것을 지시하던 모습이었다. 삼촌들이 어머니 앞에서 조용히 앉아 무언가를 의논하던 모습이었다. 어떠한 고난도 어머니를 건드리지 못하는 자신만만한 모습이었다.

내가 학교를 졸업하였을 때 어머니는 스치는 바람처럼 말하였다. 등록금 철이 다가오면 돈 구할 길이 막막하여 밤을 새웠다고 하였다. 한번은 큰 맘 먹고 이제 겨우 신접 살림을 차린 형님을 찾아갔다는 이야기도 하였다. 네 형이 도와주어서 얼마나 고마웠는지 모르겠더라는 이야기도 하였다. 형님에게는 한 번도 들어보지 못한 말이었다.

조카의 입학금 때문에 내게 와서 차마 입 밖에 꺼내지 못하고 머뭇거리는 것을 보아서는 형님 앞에서도 내 등록금을 말할 때 얼마나 많이 망설였을까? 생각해보니 이제 너도 살림살이가 넉넉해졌으니까 조카의 입학금을 도와주라고 말하고 싶었을 것이다. '네 형은 신접 때 어려움 속에서도 도와주었어.' 라고 말하고 싶었을 것이다. 더욱이 형님에게는 내가 준 돈이라면서 건네주었다지 않은가.

순간 어머니의 속마음을 들여다보고는 내 무심함이 얼마나 부끄러웠는지 모른다. 형편이 넉넉한 나에게 조카의 입학금을 넌지시 흘려 보았지만 아무것도 눈치채지 못한 내가 약속하였을 것이다. 그래서 어머니는 자신이 모은 돈에 조금만 보태달라고 하였을 것이다.

우리 형제들이 공부를 한 뒤안길에는 어머니의 고난의 길이 숨어 있었다. 나더러 공부만 하라고 하였을 때도 철없이 믿었지만 그건 진실이 아니었고, 나를 안심시키려는 거짓말이었다. 진실은 숨어 있는 어머니의 이야기 속에 담겨 있었다. 숨어 있는 나의 또 다른 반쪽 이야기에는 어머니의 고난이 깔린 길이었고, 슬프고도 힘든 이야기로 채워져 있었다. 그 반쪽 이야기는 나를 회한에 젖게 하지만 이미 내 마음은 전할 길이 없게 되었다.

기억의 흔적

'모자를 쓰면 젊어 보인다.'는 말을 들으니 기분이 좋았다. 그 때문인지 백수가 된 후로는 정장보다는 간편복에 챙이 달린 모자를 쓰고 다닌다. 거울을 들여다보면 적은 숱의 머리를 모자가 가려주어서 얼굴만 드러난다. 훨씬 젊어 보인다. 그래서 곧잘 모자는 젊게 살려는 나의 표현이다. '나의 캐릭터를 나타내는 상징'이라는 말로 이유를 댄다.

사회활동을 할 때는 소위 화이트칼라에 속하는 직업인이어서 정장 차림으로 생활하였다. 그런데 은퇴한 후에 '젊게 보인다.'는 말 한마디가 평소에 익숙했던 차림을 하루아침에 벗어버리도록 하였다. 그토록 '젊음'에 집착하고 있었는지 내 스스로도 놀라웠다. 하기야 젊음을 갈망하는 것은 노인들의 하나같은 바람이라고 하니 새삼 놀랄 일도 아닐 것이다. 그렇더라도 튕긴 고무줄이 제자리로 돌아가듯 변신이 너무 쉽게 일어났다.

초등학교 3학년 때의 여름이었다. 머리에 부스럼이 생겼다. 그 시절의 시골아이에게 머리에 나는 부스럼쯤은 대수롭지 않은 일이었다. 그러나 이내 진물이 나면서 살이 곪고, 머리털도 뭉텅뭉텅 빠졌다. 촌아이가 처음으로 기차를 타고 대구의 동산병원을 찾아간 보람도 없이 머리에는 주먹만 한 흉터가 생겼다.

드문드문 남은 머리털은 아무런 역할도 해주지 못해 '달'이라는 별명을 하나 더 얻었다. 나는 머리의 흉터가 너무 부끄러웠다. 중학교에 다닐 때는 교모가 나의 수치를 감추어주는 방패였다. 등하교를 할 때, 심지어는 외출을 할 때도 반드시 교모를 쓰라는 학교의 방침이 고맙기 그지없었다.

지금도 생생한 지난날의 기억이 하나 있다. 고등학교를 다닐 때는 기차통학을 하였다. 기차를 기다리는 동안에 우리는 장난을 하면서 시간을 보냈다. 친구가 내 모자를 벗겨서 들고 도망가면 나는 쫓아갔다. 내 손이 닿을 즈음이면 다른 친구에게 모자를 던졌다. 나는 다시 쫓아갔고—. 우리는 흔히 친구를 놀려주느라 그런 장난을 하였다. 신발을 벗겨서 이리저리 던지고, 모자를 벗겨서 던지기도 하였다. 곧잘 하던 장난이었는데도 나는 왜 수십 년이 지난 지금도 그때의 일을 생생하게 기억하고 있을까?

기차통학을 하면 역에는 남학생과 여학생이 모여 함께 기차를 기다린다. 모자가 벗겨진 내 머리에는 흉터가 선명히 드러났을 것이다. 여학생 앞에서 흉터가 드러난다는 것은 사춘기를 보내던 나로서는 견딜 수 없이 부끄러웠을 것이다. 충격이 강할수록 더 깊이 각인되어서 오랜 시간이 지나도 기억의 흔적이 지워지지 않는다.

대학에 진학하면서 고등학교의 교모는 저절로 벗겨졌다. 다행히 머리 숱이 많았던 탓에 길게 기른 머리는 흉터를 충분히 가려주었다. 모자의 역할을 머리털이 대신해 주었다. 나를 움츠러들게 했고, 열등감의 깊은 심연 속으로 가라앉게 하였던 음울한 그림자도 서서히 사라졌다.

사회인이 되었을 때는 '달'이라는 콤플렉스에서 완전하게 벗어났다고 믿었다. 남들이 부러워하는 직업을 가지고, 항상 선생님이라는 존칭을 들으면서 살았다. 수북하게 자란 머리털은 소나기구름처럼 달을 흔적도 없이 감추어 주었다. 고향을 떠나 산 후로는 나의 유년을 기억하는 사람도 거의 없었다. 머리의 부스럼, 그리고 달로 이어지는 기억들은 머리털에 가려져서 까마득하게 멀어져 갔다.

노년이 되면서 머리의 숱은 적어지고 이마도 조금 넓어졌다. 그래도 어릴 때처럼 신경을 곤두세우지는 않았다. 나를 '달'이라며 놀리던 친구들의 앞이마도 비행장만큼이나 넓어졌다. 아예 가발을 쓰고 다니는 친구도 있었다. 그들에 비하면 나의 머리 숱은 그래도 많이 남아있다. 그런데도 나는 기를 쓰고 모자를 쓴다. '젊어 보인다.'를 변명거리로 삼다 보니 중절모가 아닌, 앞 챙이 달린 젊은이들의 모자를 좋아한다. 얼마 전에는 지인이 앞 챙이 달린 모자를 선물하였다. 사위도 미국을 다녀오면서 앞 챙이 달린 모자를 사왔다. 할아버지가 쓰기에는 격에 어울리지 않을 듯한데도 그들은 그런 모자를 사왔다. 나도 싫지 않았다.

아무리 아팠던 삶의 조각이라도 시간에 오래 씻기다 보면 흐릿해진다. 지우개로 지우듯이 기억들은 옅어지고, 마침내는 사라진다.

정말 그럴까?

아무리 지워도 펜에 눌려서 종이에 남아있는 흔적까지 지우지는 못한다. 모자는 의식의 골짜기에 부끄러운 그림자로 남아있는 기억의 흔적이다. 흔적을 남긴 본래의 모습은 젊음도, 아름다움도, 멋있음도 아니다. 어딘가에 숨어버리고 싶었던 나의 모습일 뿐이다. 어울리고 싶어도 저만치 떨어져서 쉽게 다가가지 못하였던 음울하고 슬펐던 지난날의 나의 모습이다.

지금도 나는 어두운 그림자가 드리운 나의 모습을 사실대로 복원하지 못하고 있다. 모자라는 흔적에서 '젊은 나'라는 허상의 허수아비를 만들고 있다.

목소리

현관문을 밀치면 쏟아지는 불빛이 나를 맞아준다. 거실에 들어서는데도 아무런 인기척이 없으면 공연히 불안해진다. 아내는 가계부를 정리하느라 고개도 들지 않고, 아니면, 연속극에 정신을 빼앗겨서 텔레비전의 화면에서 눈을 떼지 않는다. "사람이 들어오는데도—." 불만스레 말하면 그제서야 "당신 왔어? 정신을 깜박했네."라며 미안해 한다.

결혼한 지 내일모레면 40년이 되어가는데도 나는 아내의 목소리에 무척 민감하다. 대꾸가 없으면 신경이 곤두서고 외로움이 밀려온다. 우리는 아침 산책을 하면서 많은 이야기를 나눈다.

은퇴한 후의 노후 생활을 일기로 남기고 싶었다. 흔히 말하는 일기와는 다르게 수필 형식으로 써보고 싶었다. 5년쯤 지나니 그럭저럭

책 한 권 분량이 되어서 출판사에 보냈다. 교정본을 보내와서 아내에게 읽어보고 의견을 말해달라는 참이었다. 새롭게 시도해 본 일기에 나는 나름대로 흡족해서 아내도 좋다고 하리라 지레 믿었다. 미리 글을 쓴 취지도 열심히 설명해두었던 터였다.

“요즘에는 사람들이 수필을 잘 읽지 않잖아. 그런데 일기와 결합하면 사생활을 엿보는 호기심을 자극하잖아. 그래서 내 나름으로 실험해 본 거야.”

“글을 읽었는데….”로 시작하는 아내의 대답은 나의 기대와 어긋났다. “독자들이 남의 글을 읽을 때는 고생담을 좋아하잖아. 힘든 백수생활을 고생 고생하면서 이겨냈다는 투의 글이라야 읽어. 당신이 쓴 글은 우리 시대의 노후가 겪는 백수 생활과는 거리가 있어. 당신이야 성공적으로 살아가는 백수 생활이겠지만 왠지 자랑하는 것처럼 느껴져.”

아내의 말이 섭섭하게 들렸다. 수필의 새로운 시도라고 힘주어서 말했는데도 그 말은 흘려버렸는지 자꾸 자랑처럼 보이면 독자는 거부감을 가진다는 말만 되풀이하였다. 기분이 언짢아진 나는 “당신은 언제나 나를 부정적으로 바라보더라.”며 불편한 속내를 드러냈다. 아내는 아내대로 어이없다는 듯이 의견을 말해달라 해놓고 고깝게 듣는 것은 평소에도 당신이 우월하다는 선입견을 가지고 있기 때문이라고 한 술 더 떴다.

나는 더 이상 말하지 않았다. 아내도 묵묵히 걷기만 하였다. 둘 사이에 침묵만 무겁게 흘렀다. 마음을 가득 메운 어두운 정적은 나뭇잎을 흔드는 바람소리도, 산새들이 조잘대는 맑은 소리도 모두 삼켜버렸다. 안개가 퍼져가듯 가슴속으로 불안이 스며들었다. 가슴을 짓누르는 불안의 무게를 이기지 못하여 먼저 말은 건네는 것은 나다. 언제나 그랬다. “○○한테 전화가 왔어?” ○○는 아들이거나 며느리가 된다. 아내도 자연스럽게 서울에 살고 있는 아들 내외의 소식을 전해준다. 아내의 목소리는 가로막고 있는 둘 사이의 담을 쉽게 허물어버린다. 가슴을 짓누르던 불안도 썰물처럼 물러난다. 둘 사이에 아무런 일도 없었다는 듯이 이야기를 나누면서 산책을 계속한다. 바람소리도, 새소리도 다시 고막을 두드린다. 잠시 동안 멎었던 나의 일상이 다시 제자리로 찾아가서 활기차게 움직인다.

나는 왜 아내의 목소리에 귀를 쫑긋 세우고 들으려 하는지 모르겠다. 둘 사이의 긴장을 이기지 못해 마침내 내가 먼저 말을 한다. 마음의 병을 앓고 있는 탓이리라.

내가 아주 어렸을 때, 겨우 돌을 지나 아장아장 걸었을 즈음에 어머니 곁을 떠났던 일을 상상해 본다. 기억에는 전혀 남아 있지 않은 일이다. 그 일이 마음에 상처를 주어서 지금도 아픔에 시달리는 것인지 모르겠다. 솔직히 말해서 기억에 없다 보니 내가 자란 후에 들었던 이야기들이 기억을 대신한다. 그 이야기도 나의 상상력이 만들어 낸 환상일 것이다.

“내가 아파서 너무 오래 누워 있으니까 아직 젖도 떼지 않은 너를 삼촌 댁에서 데리고 간 거야. 등에 업혀 가면서 아무 말도 않고 나를 돌아보던 모습이—.” 어머니는 목이 메이곤 하였다. “나도 네 이름도 부르지 못 하고 그냥 멍히 바라보기만 했어.” 어머니가 가슴 아파하면서 하는 이야기이지만, 나에게 남아 있는 기억이라고는 아무것도 없다.

등에 업혀서 삼촌 댁으로 가면서도 어머니의 목소리를 애타게 기다린 것은 아니었을까? 침묵만 싸늘하게 떠돌았던 적막 속에서 어머니를 떠나야 했던 아픔이 지금도 지워지지 않고 나를 괴롭히는 것은 아닐까?

처남네는 부부 사이에 심한 언쟁이라도 하고 나면 더러 일주일씩 말을 하지 않고 지낸 일도 있다고 하였다. 쉽게 납득이 가지 않았다.
"일주일이나 말을 하지 않으면 불편하지 않아? 어떻게 그럴 수 있어."
나는 소리가 막혀버리면 가슴속을 가득 채우고 있는 답답함으로 견디기 힘들어 한다. 항상 내가 먼저 말을 하는 이유이다. 처남네는 말만 하지 않을 뿐이지 일상의 생활을 그대로이니까 별로 불편할 게 없다는 거다.

나는 처남과 다르게 '말없음'을 왜 불편해 하는지 생각해 보았다. 내면의, 저 깊숙한 바닥에는 삼촌 댁으로 갈 때 느꼈던 어머니의 '말없음'이 두려움으로 남아 있을 것이다. 어머니를 떠나야 했던 아픈 경험이 없는 사람에게 말없음은 그냥 잠시 스쳐 가버리는 불편함뿐일 것이다. 그러나 나는 가족의 울타리 밖으로 쫓겨나는 두려움을 부지불식 간에 느끼는 것일 게다.

아이들에게 틈만 나면 가족 간의 화목함을 강조하여 말한다. 자주 말하니까 큰아들은 '또 그 말씀이야.' 하는 얼굴을 한다. 어떤 때는 나도 지나치다 싶은 생각이 들어서 어색해질 때도 있다. 가족의 화목을 되풀이하여 말하는 것은 내가 앓고 있는 병의 증상이 틀림없다.

이제는 40년 세월이 보듬어 준 탓인지 아내와 마음이 상해서 입을 닫는 일은 아주 드물다. 그래도 아내가 기분이 상해서 말없이 서실로 나가버린 날이면 지금도 여전히 불안해진다. 불안이 겹겹이 쌓이면 견디지 못하고 먼저 전화를 한다. 아무런 일도 없었다는 듯이 가정사의 작은 일을 꺼내면 아내도 언제 마음이 상했느냐는 듯이 말씨가 부드러워져 있다. 가슴 답답함도 눈 녹듯이 사라져 버린다.

한번은 아내가 먼저 전화를 하였다. “당신 속이 많이 상했지. 미안해.” 그 목소리에 나는 순간 가슴이 찡해지면서 감격으로 온몸이 찌릿함을 느꼈다. 나는 지금도 버림을 받을까 두려워하는 마음의 병을 앓고 있다.

바라보다

책을 읽다 무심코 고개를 들었다. 창 너머로 팔공산 비로봉이 눈에 들어온다. 비로봉의 안테나들이 한껏 팔을 벌리고 푸른 하늘에 안겨있다. 청색 하늘은 깊고 깊은 동굴처럼 정적만 흐른다. 안테나는 깊이를 알 수 없는 정적을 향하여 무슨 말을 하고 있을까? 내 상념들은 천천히 침묵의 심연 속으로 가라앉는다.

무엇일까? 실체를 알 수 없는 형상들이 쉬지 않고 청색 물밑에서 떠돌아다닌다. 어머니 같기도 하다. 어릴 때 뛰놀았던 친구일까? 기억 너머에 머물고 있는 아버지일까? 숱한 사람들이 안개 속에서 어딘가로 줄지어 걸어갔다.

대학을 다닐 때 시골집에 가면 어머니는 삼촌 댁에 들러 안부 인사를 하라고 채근하셨다. 마지못해 가긴 하였지만 내키지 않는 발길이라서 무겁기만 하였다. 마당에서 멈칫거리며 인사를 하는 둥 마는 둥 하고 되돌아나왔다. 삼촌 댁으로 향할 때마다 환청처럼 들리는 소리가 있다. '너는 이 집에 배내기* 왔다.'이다. 친구들이 '배내기'란 말로 나를 놀리면 슬그머니 빠져 나와 혼자서 골목을 헤매고 다녔다. 나는 버림받은 아이라서 이 세상의 누구보다도 불쌍하다는 생각을 하였다. 즐겨 읽었던 ≪소공자≫와 ≪소공녀≫가 바로 나라는 환상에 빠져 불행함을 오히려 즐긴 것은 아닌지 모르겠다.

초등학교에 다닐 때쯤에는 아직 유치원에 갈 나이도 안 된 조카들이 자주 외가에 왔다. 올 때마다 어린 그들은 백조였고, 나는 나이가 많다는 것만으로 미운 오리새끼였다. 어쨌거나 나는 그런 기분이었다. '아, 그때는―.' 생각이 날 적마다 움칠한다. 친구들과 어울려 놀다가 어두워져서야 집에 들어왔다. 숙모(그때는 엄마라고 불렀지만)는 부지깽이로 내 머리를 때렸다. 피망울이 맺히면서 밤톨만 한 혹이 금방 부풀어 올랐다. 섭에 실려 마당 구석으로 비실비실 도망가면서 '나를 낳은 엄마가 아니라서 때린다.'라고 생각하였다. 소리 내어 울었을까? 울었던 기억은 떠오르지 않는다. 청색 빛 심연에서 유령처럼 흐릿하게 나타나는 기억은 음침하고, 기분 나쁜 것뿐이다.

그뿐만 아니다. 홍수가 났을 때 선생님은 개울 건너 마을에 사는 아이들을 우리 집으로 데려가라고 했다. 그날따라 우리 집은 밤새도록 소란하였다. 남자아이를 낳은 서숙모는 숙모와 대판 싸우고 젖먹이를 버려 둔 채 집을 나갔다. 삼촌은 화를 이기지 못하여 숙모에게 고래고래 고함을 질렀다. 마당에는 살림 가재들이 부숴진 채 뒹굴었다. 고함소리, 울음소리, 머리를 산발하고 나를 죽이라며 악을 쓰는 숙모는 처절하였다. 담 너머에는 동네 사람들이 구경 난 듯 모여들어서 수군거렸다. 나는 건넛방 구석에서 숨도 크게 쉬지 못하고 웅크리고 있었다. 따라온 학교 친구들도 내 곁에서 눈만 멀뚱거리며서 싸움판을 지켜보았다. 나는 너무 창피하여 어찌할 바를 몰랐다. 다음 날부터 학교에 가면 어머니가 둘인 것과 싸움 이야기를 신나게 해대는 친구가 너무 얄미웠지만 나로서는 방법이 없었다. 기가 죽어서 친구들의 눈치나 살폈다.

숙모와 서숙모가 싸울 때 구석자리에서 엉거주춤하고 있으면 숙모는 나더러 편을 들지 않는다고 나무랐다. 등떠밀리듯이, 내가 크면 서숙모를 가만 두지 않겠다는 말을 한 일도 있었다. 지금 되돌아보면 나의 유년은 아버지도, 어머니도, 그리고 나도 누구인지 모른다. 기억하기조차 싫을 뿐이다. 아니 잊어버리고 싶다.

중학생이 되는 해, 읍내에 있는 큰 중학교에 가고 싶었지만 삼촌은 학교에는 관심이 없었다. 그해 겨울 밤이었다. 새벽에 오줌이 마려워서 선잠에서 깨었다. 삼촌과 숙모 그리고 앞 동네에 사는 작은삼촌이 두런두런 이야기를 나누었다. 얼핏 들리는 말이 내 이야기였다. 나는 자는 듯이 가만히 있었다.

"내 자식이 아니니까 나도 정이 가지 않고, 애도 나를 친아비처럼 생각하지 않을 거야. 저네 집으로 되돌려 보내야겠다."

내가 들은 이야기는 이것이 전부이다. 이 말을 듣는 순간 가슴에서 쿵하는 소리가 들렸고, 하늘이 무너지는 듯하였다. 길바닥에 버려진다는 생각이 들었다. 너무 놀라서 다른 말은 하나도 들리지 않았다. 그래서 나를 싫어했구나. 그래서 나를 매질하였구나. 그래서 나를—,

어쩐 셈인지 내가 섭섭하게 생각하고 있었던 일들만 파노라마가 되어서 빠르게 지나갔다. 지금도 기억이 생생하지만, 그날 아침에 밥을 먹으면서 나는 고개를 숙이고 삼촌과 숙모를 바라보지 않았다. 그날 이후로는 입이 붙어버린 듯이 아버지와 엄마라는 말이 나오지 않았다. 몇 달 뒤에 나를 낳은 어머니가 계시는 큰집으로 옮겼다. 지금도 삼촌과 숙모는 나에게 어떤 존재였는지 가늠이 안 된다. 10년 이상 아버지, 엄마라고 불렀는데 집을 옮긴 후에는 그렇게 부르고 싶지 않아 입을 다물었다

갑자기 푸른 하늘을 가득하게 어머니 얼굴이 메운다. 나를 조용히 불러서 "내가 너를 낳은 정말 엄마이다. 이제는 나를 엄마라고 불러라."라고 하였지만 고개를 숙이고 아무 말도 하지 않았다. 집으로 돌아와서도 오랫동안 엄마라고 부르지 않았다. 언제부터 엄마라고 불렀을까? 기억나지 않는다.

대학을 가느라 집을 떠날 때까지 나는 정말 엄마한테서 꾸중을 듣거나 매를 맞은 일은 한 번도 없었다. 정말 한 번도―. 방학 때 집으로 가면 어머니는 꼭 삼촌 댁에 인사를 하러 보냈다. 가기 싫어하면 "어릴 때 너를 보살펴 주었는데 고마워하지 않으면 '인간의 도리'가 아니다."라고 했다. 삼촌 댁에 정말 가고 싶지 않았지만 어머니의 성화 때문에 마지못해 인사하러 갔다. '사람의 도리'를 되뇌이고, 되뇌어 보았지만 싫어하는 마음이 돌려지지는 않았다. 하늘에 가득하던 어머니의 얼굴도 슬며시 스러진다. 다시 허공만 가이없다. 어릴 때 아픈 기억들은 '정말 엄마'의 품에 안기며서 어느 사이에 세월에 묻혀 흐릿해져 갔다.

결혼하여 가정을 꾸렸다. 삼촌도 세상을 뜨셨다. 늘그막에 서숙모는 앙숙이던 숙모와 한 집에서 살면서 병수발까지 들었다. 한번은 사촌누나가 숙모를 데리고 찾아왔다. 숙모는 내가 어릴 때 얼마나 애지중지 보살펴주었는가를 이야기하고, 또 이야기하였다. 나는 속으로 '숙모, 그건 아니었잖아요.'라고 거듭 부정하였다. 아내가 넌지시 말하였다. "숙모님 말씀이 이상한데요. 눈치가 당신에게 기대어 노후를 보내고 싶어 하는 것 같아요."라고 했다. 그 말에 나도 모르게 벌컥 화를 냈다. 아팠던 유년의 기억이 겨우 지워져 가는데, 잃어버렸던 '정말 엄마'를 찾아서 이제는 마음이 안정되어 가는데, 기억도 하기 싫은 그때로 되돌아가라고―, 나는 고개를 저었다.

숙모는 얼마를 더 머물다가 사촌누나와 돌아갔다. 어머니는 "숙모가 왔을 때 잘 대해주지 않아 섭섭하다는 말을 여기저기에 하고 다닌다."라고 하셨다. 그때는 정말 화를 냈다. "엄마, 나 할 만큼 했어. 고기 반찬으로 대접했고, 차비를 하라며 용돈도 드렸어. 엄마가 아닌 숙모한테 이만큼만 하면 되지, 얼마나 잘하라구." 나는 정말 목소리를 높여서 말하였다. 어머니는 더 이상 말을 하지 않았다. 어릴 때도, 성인이 된 뒤에도 어머니는 내게 꾸중을 한 일이 없었다. 나는 왜 그렇게 화를 냈을까? 대답은 뒤에 정신과 선생님한테서 들었다.

결혼하고 얼마 지나지 않아서 나는 장티푸스를 아주 심하게 앓았다. 재발을 거듭하여 대학 병원에 입원까지 하였다. 여러 달 병을 앓으니 불안이 엄습했다. 신혼인 아내에게 미안했고, 병에 지쳤고, 나중에는 불면증에 시달렸다. 정신과를 찾아갔다. 의사 선생님은 병이 빨리 회복되지 않자 불안해지면서 망상에 시달린 탓이라고 하였다. 삼촌과 숙모를 마음 깊은 곳에서는 싫어하는 것을 두고 어머니가 말한 '인간의 도리'가 칼날이 되어서 나를 죄책감에 빠지게 했다고 한다. 그러면서 너무 착한 것이 이유라고 하였다. 장티푸스에서 회복하자 불면증도 사라졌다. 그리고 별 탈 없이 지금까지 살아왔다.

지금도 회상에 잠기면 유년시절의 아버지, 어머니 때문에 혼란스럽다. 나의 아버지와 어머니는 누구인지를 찾지 못한다. 다시 눈을 들어 청색 하늘의 깊숙한 곳에서 부유하고 있는 흐릿한 형상들을 바라본다. 자세히 보니 점점 윤곽선이 뚜렷해지면서 바로 내 모습이 나타났다. 나를 바라보았구나. 내 모습도 금방 사라졌다. 그 자리에 시골집의 안방에 앉아서 "내가 너의 정말 엄마다."라시던 어머니의 모습이 나타난다.

그랬구나. 나는 어머니를 바라보고 있었구나. 내가 마음을 앓을 때마다 버팀목이 되어주었던 어머니였다.

---

* 배내기: 예전에 시골에서 새끼 동물을 얻어 와서 키운 후에 새끼를 낳으면 갚는 것을 말하였다.

40년 전 어느 날

40년 전, 교육대학 뒤 담벽을 따라서 포플러가 줄 지어선 동네에서 하숙을 하였다. 하숙비에 조금씩 더 얹혀오는 용돈은 아무리 아껴 써도 월말이 가까워오면 거덜이 난다. 그럴 때는 버스도 탈 수 없어 동인동에 있는 학교에서 하숙집까지 터벅터벅 걸어다녔다. 어머니가 시골에서 농사를 지어서 형님부터 차례로 대학을 보낸 우리 집 형편을 너무 잘 알고 있는 나로서는 불평을 할 수 없었다. 견디기 어려운 것은 일요일이 되어도 갈 곳이 없어서 하숙방에서 뒹굴 때였다. 송죽극장이나 자유극장은 재개봉관이어서 극장비도 쌌다. 그러나 텅 빈 호주머니라서 그마저도 엄두를 내지 못하였다.

그날도 늦가을의 날씨는 한없이 스산했다. 교육대학의 뒷담을 따라 서 있던 키 큰 포플러에는 가지가 앙상하게 드러난 채, 노란 잎 몇 개만이 흔들거리고 있었다. 호주머니의 용돈도 바닥이 난 지 며칠이 지났다. 일요일이지만 갈 곳이 없어서 불기 없는 방에서 뒹굴고 있었다. 방문이 스르르 열리면서 ROTC 장교로 근무하는 형이 불쑥 찾아왔다. 고향에 들를 겸 내려왔다가 귀대하는 길이라고 하였다. 형은 문지방에 걸터앉은 채로 방안을 휘익 둘러보았다. 얼마 전까지만 해도 힘들게 학교를 같이 다녔기 때문에 내 처지를 너무 잘 아는 형이었다. 나는 멈칫거리면서 일어났으나 아무 말도 하지 않았다.

"힘들지?"

"괜찮아."

또 오랫동안 침묵이 흘렀다. 군화 끈도 끄르지 않고 문지방에 앉아 있던 형은 차 시간이 되었다면서 일어났다. 나도 일어나서 하숙집의 대문을 나서는 형을 뒤따라갔다. 형은 주섬주섬하면서 호주머니에서 지갑을 꺼냈다. 몇 장 되지 않는 지폐를 몽땅 털어내더니 한 장은 도로 지갑에 넣으면서 '이건 귀대하는 차비를 하고.' 그리고는 내 호주머니에 돈을 찔러 넣어 주었다.

교육대학의 뒷담을 낀 길에는 오후 녘의 옅은 햇살이 깔리고 있었다. 형은 뒷등에 햇살을 받으면서 휘적휘적 걸어가 버렸다. 나는 알 수 없는 슬픔으로 콧잔등이 찡해 오면서 왈칵 눈물이 솟을 것 같았다. 목이 메여 '형, 잘 가.'라는 말도 하지 못하고 슬그머니 돌아서 버렸다. 혹시 눈물이라도 보일까 싶어서였다.

객지에서 하숙집의 찬 방바닥에 뒹굴어야 했던 일이 서러워서인지도 모를 일이다. 타관 땅에서 낯선 사람들에게 시달리느라 그립던 인정이 지갑을 툭 털어 주던 형의 따사로움에 갑자기 더 서럽게 느꼈는지 모를 일이다.

그 형님이 중학교 교장 선생님을 마지막으로 퇴직한다는 연락을 받았다. 내가 그때를 이야기하면 틀림없이 '그런 일이 있었나?'라고 말할 것이다.

어느 5월 8일에

큰아이가 인턴을 할 때 아내와 함께 대구미술협회 팀과 눈황 답사를 갔습니다. 출발하는 날, 아들녀석이 얇은 봉투 하나를 내밀었습니다. 비행기 안에서 그 봉투를 열어보니 5만 원이 들어 있었습니다. 아내와 나는 이 즐거움이 바로 이 세상의 신산하고 풍랑이 이는 바다를 무사히 건네게 해주는 나룻배이듯이 감격하였습니다. 그러다 문득 부모를 즐겁게 하는 것이 이렇게 쉬운 일인데, 오만 원이면 부모를 이렇게 즐겁게 해드릴 수 있었는데—, 하는 자괴감에 빠졌습니다. 왜냐하면 그때는 이미 아버지도, 어머니도 계시지 않았기 때문입니다.

이번 5월 8일의 아침에 아내와 식사를 하면서 조바심이 일어났습니다. 이 녀석들이 카네이션 한 송이로 때우려는 것 아니냐며 쓸데없는 불안에 휩싸였습니다. 사실은 서울에 있는 딸아이는 꽃을 택배로 보내왔고, 막내는 야간근무를 한다면서 봉투를 하나 두고 갔습니다. 이유는 큰아이 때문이었습니다. 큰며느리는 친정인 전라도에서 방금 전화가 왔습니다. 전화만으로는 무언가가 모자란다는 느낌이었습니다.

큰아이의 평소 행실을 보아서는 절대로 그냥 지나치지 않으리라는 것을 잘 알면서도 왜 불안해지는지 알 수가 없었습니다. 혹시-, 하는 불안감 때문에 출근하자 바로 포항에서 근무하는 아이에게 전화를 하였습니다. 자기가 먼저 전화를 드릴 참이었는데, 저녁에 찾아뵙겠다고 하였습니다. 그제서야 바위에 눌리듯 하던 가슴이 시원해졌습니다.

오후 녘이 되니까 아무런 이유도 없이 다시 불안감이 다가왔습니다. 갑자기 저녁에 수술 스케줄이라도 잡히면 어떻게 하나? 정말 쓸데없는 걱정이었지만, 불안해지는 것 또한 사실이었습니다. 이 불안은 저녁에 큰아들이 와서 용돈을 하라며 봉투를 내놓자 말끔히 가시었습니다.

지금도 곰곰이 생각해보지만 아이를 기다린 건 돈 때문이 아니었습니다. 돈보다도 우리의 마음을 즐겁게 해주는 그 무엇 때문이었습니다. 이런 즐거움을 돈에 얹혀 오는 과분의 향락이라 한다면 적절한지는 모르겠습니다.

부모를 즐겁게 해주는 일이 그리 어렵지도 않다는 것을 내가 부모가 되어서 깨달았습니다. 지금, 나는 그렇게 해드리지 못하였던 것을 정말 아파하고 있습니다.

어머니, 아내, 딸 그리고 외손녀

아내는 전시회를 하면서 무척 들떠 있었다. 자신을 항상 무명작가라고 자조하듯이 말하곤 하였다. 이번에 서예 전문지에서 개최한 '중진 여류 작가 5인 초대전'에 초대받자 기분이 한층 고조되어 있었다. 아침에 전시장으로 나가면서 딸더러 몇 번이나 부탁하는 말을 곁에서 들었다.

"오늘 1시에 KBS 라디오에서 엄마와 인터뷰하는 것을 생방송으로 한 10분쯤 내보낸다고 하니 꼭 녹음을 해두어라."

딸애는 겨우 보름밖에 안 된 아기에게 젖을 물리면서 건성으로 "응, 응." 하였다. 딸의 성의 없는 대답은 나에게 일말의 불안을 안겨 주었다. 딸은 그저께 출산한 후 몸조리를 하러 친정에 내려왔다. 하필이면 전시회 중이라서 아내는 딸 옆에서 보살펴주지 못함을 미안해 하였다. 지난밤에는 미역국을 끓이고, 반찬을 장만하느라 밤늦게까지 부엌에서 덜거덕 소리를 내었다.

오후에 외출하고 돌아와서 거실에 들어서면서 녹음을 해두었느냐고 물어 보았다. 딸아이는 나를 힐끗 쳐다보면서 아가가 너무 심하게 우는 바람에 그만 깜박 시간을 놓쳐버렸다고 하였다. 그 말을 듣는 순간에 형언할 수 없는 화가 불끈 치밀어 올랐다. 차라리 슬픔 같은 것이었다. 버럭 고함을 질렀다.

"엄마에게 어떻게 그렇게 무관심할 수가 있어. 엄마가 이 전시회에 얼마만큼이나 정성을 쏟고 있는 줄이나 알아? 평생에 겨우 몇 번밖에 하지 않는 전시회인데 너는 눈곱만큼도 관심을 두고 있지 않구나. 그래도 모녀간인데 너무 무심하구나."

내가 지르는 고함소리가 내게 반향을 일으켜 나는 감정의 수렁 속으로 깊이 빠져 들어갔다. 고개를 푹 숙이고 있는 딸아이를 본체 만체하고 내 방으로 들어가서 이불을 뒤집어쓰고 누워버렸다.

시간이 흐르면서 흥분도 조금씩 가라앉아 갔다. 온갖 생각들이 뒤죽박죽으로 뒤엉켜서 머릿속이 하얘졌다. 흘려 보낸 시간의 갈피를 한 장씩 한 장씩 넘겨보았지만 딸에게 거칠게 화를 낸 이유가 선뜻와 닿지 않았다.

나는 아들보다 딸을 더 좋아하였다. 꾸중하는 몫은 아내 것이었고 나는 언제나 감싸주었다. 용돈은 엄마에게 받기 때문에 아들들은 나에게 손을 내밀 꿈도 꾸지 않았다. 그러나 딸애는 두 손을 모아서 손바닥을 활짝 펼치고 애교를 부리느라 몸을 비틀면서 "아빠, 용돈." 하고 말을 한다. 그럴 적마다 거절한 일이 없었다. 첫아이를 낳고 몸조리를 하러 친정에 와 있는 아이에게 나는 왜 집이 들썩거리도록 화를 냈을까?

실타래처럼 뒤엉켜 있던 생각들 속에서 불현듯 어머니의 얼굴이 스쳤다. 내가 객지 생활을 하면서 고달플 적마다 떠오르던 얼굴이었다. 요즘도 마음이 울적하면 어머니 산소를 찾아가곤 한다. 되짚어 보면 막내인 나까지 타관 땅으로 떠나버린 시골 집을 어머니 혼자서 오래도록 지키고 있었다.

어느 날 늦은 가을쯤에 시골집에 들렀다. 대문을 밀치고 마당으로 들어섰을 때 느껴오던 황량함이 지금도 나를 아프게 한다. 너른 마당에는 떨어진 나뭇잎들이 바람 따라 이리저리 굴러다녔다. 마당에 사람이 들어선 기척에 안채의 방문이 스르르 열렸다.

성경책을 든 어머니가 돋보기 너머로 바라보던 모습이 적막했던 시골집과 겹쳐지면서 왜 그렇게도 쓸쓸해 보였던지! 저녁에 정적이 감도는 시골집에 어머니 혼자 두고 떠나올 때의 미안하고, 죄스러웠던 일이 여태껏 나를 아프게 하고 있다.

오래 뒤, 장인어른이 돌아가시고 쓸쓸해 하시는 장모님을 위로할 겸 해외여행을 다녀온 일이 있었다. 이미 오래전에 돌아가신 어머니가 생각났다. '그때는 해외여행은 꿈도 꾸지 못할 시절이었잖아ㅡ, 너무 연로하셨어ㅡ, 차멀미를 심하게 하여서 먼 여행은 생각도 할 수 없었지ㅡ.'라며 온갖 핑곗거리를 찾곤 하였다. 그때나 지금이나 나는 여전히 어머니에게 회한의 마음을 지우지 못한다. 마음이 차차 가라앉으면서 내 생각 속에 딸아이는 흐릿하게 자취를 감추고, 어머니만이 더더욱 또렷해진다.

‘나도 부모께 잘해 드리지 못하였으면서 딸만 호되게 나무라다니!’

문득 나를 꾸짖는 목소리가 들려왔다.

‘그래. 딸애를 나무란 것이 아니고 나 자신을 채찍질하고 있는 거야. 딸을 통해서 어머니에게 갖고 있던 죄의식을 뼈저리게 확인한 거야. 딸을 통해서 부끄러웠던 나의 모습을 바라본 거야.’

이때 아내가 돌아왔다. 나는 방문을 열고 나가면서 “오늘 당신이 부탁한 녹음을 못하였다더라. 그래서 내가 아주 심하게 꾸중을 하였어.”라고 하였다.

“그래. 전화로 말하더라. 나도 몸조리하러 온 아이를 잘 돌봐주지 못하여서 미안한데 뭐. ‘괜찮아. 시간을 놓칠 수도 있지 뭐.’라고 하였어. 그런데 전화를 끊고 나니 가슴이 휑하니 비잖아. 왜 눈물이 나려고 하는지－.”

어머니도 그랬을 것이다. 무심한 아들에게 속으로 눈물을 흘렸을 것이다. 나는 딸의 방에 들어가서 나직이 말하였다.

“그래도 딸인데, 엄마가 돌아서서 울도록 하여서는 안 되잖아.”

내가 내게 한 말이었을 것이다. 아무 말 없이 듣고 있던 딸은 주르륵 눈물을 흘렸다. 갓난아이가 버둥거리면서 울음을 터트리자 눈물로 범벅이 된 얼굴로 아기를 내려다보면서 가슴에 꼬옥 껴안아 주고 있었다.

그 딸이 오늘 아침에 제 남편을 따라서 서울의 자기 집으로 돌아갔다. 사위와 둘이서 잘 계시라고 인사를 하고 돌아서는 딸애의 뒷모습을 한참이나 멍하니 바라보았다. 방으로 들어와서 전시회 때문에 서울에 머물고 있는 아내에게 전화를 하였다.

“은지가 그만 가버렸어.”

“당신 목소리가 왜 그래? 울어?”

“울긴-.”

나는 얼른 전화를 끊어버렸다.

건천장을 아십니까?

요즘들어 고향인 건천에 다녀온 일이 없었다. 그런데도 다녀온 듯한 기분이 드는 것은 여러 해 전의 기억이 어제처럼 느껴지기 때문이다. 기차를 타고 가다 차창을 통해서 들녘 너머 산 아래에 있는 마을을 바라보면 문득 내가 자란 시골 마을이 떠오른다. 그만큼 유별난 것이라고는 아무것도 없는 평범한 마을이다.

대학에 진학하여 처음으로 그 마을을 떠나 대구의 산격동에서 자취를 하였다. 해 질 녘에 들려오는 기적 소리는 눈물이 글썽거리도록 고향 마을을 그립게 하였다. 그리움을 이기지 못해 막상 달려가 보면 시골마을은 깊은 물속처럼 소리도, 움직임도 없는 적막 속에 가라앉아 있었다. 그때마다 무료함만 잔뜩 안고 다시 대구로 되돌아오곤 하였다. 50년 전의 일이다.

얼마 전에 고향 친구들의 모임이 있었다. 교장 선생인 친구가 기분이 무척 좋았는지 연신 상욕을 입에 달고 있었다. "이 친구 봐라. 교장 선생님이 욕지거리를 입에 달고 다니면 아이들이 욕하는 것밖에 뭘 배우겠어."라는 말에 이 친구는 다시 걸쭉하게 욕을 쏟아 냈다. "그럼 교장이 학교에서 욕을 해야겠어. 여기에 와서 욕을 해야지."라고 하여 모두 웃었다. 핀잔을 주던 친구의 낯빛에도 웃음기가 가시지 않았다. 핀잔을 주지만 욕지거리 속에 빠져들어 오히려 즐기고 있었다.

그런데 나는 다른 생각에 잠겨서 이들과 동화되지 못하고 욕설과 웃음소리와 여기저기서 왁자하게 쏟아내는 소리들을 귓전으로 흘려버렸다. 갑자기 욕 소리에서 건천장이 떠올랐기 때문이다. 5일마다 열리는 건천 장날이면 고향 마을에 사는 사람들이 모여들어 하루를 소란스럽게 보내는 날이다. 아침부터 신작로는 가득 메운 사람들로 온통 하얀 물결을 이루면서 넘실거렸다.

장날이라 해도 아이들이 할 일이란 없었다. 그래서 장날 마을 앞의 신작로를 지나가는 사람을 보면 무슨 마력에라도 홀린 듯이 건천장으로 이끌려 갔다. 친구들과 어울려서 갈 때도 있지만 혼자 가는 일이 더 잦았다. 시장은 초입부터 시끄럽기 그지없었다. 귀가 멍멍하도록 들려오는 소리는 대체로 손님을 부르는 소리였다. 욕지거리로 고래고래 고함을 지르지만 시비를 거는 사람도 없었다. 나는 하릴없이 가게를 기웃거리면서 건천장을 한바퀴 돌아보곤 하였다.

장에 가면 거의 틀림없이 만나는 사람이 있었다. 삼바우이다. 반쯤은 혼이 나가서 거지 행세를 하고 돌아다니는 사람이다. 우리 같은 아이들이 졸졸 따라다니면서 "삼바우 삼바우." 하면서 놀려도 그냥 히죽 웃기만 하였다. 기껏해야 몇 마디 욕말로 응수하는 것이 고작이다. 욕말이 얼마나 재미가 있던가. 지금도 고향 사람의 모임에 가면 곧잘 하는 말이 삼바우를 모르면 건천 사람이 아니라고 한다. 삼바우도 우리의 기억 속에 머물면서 건천을 잊지 못하게 해준다.

잊히지 않는 또 하나의 장날 풍경이라면, 아니 장날의 냄새라고 해야 맞는 말일 게다. 장마당에 걸어둔 커다란 가마솥에서는 하루 내내 김이 피어 오르고, 반쯤 열린 솥뚜껑 사이로 벌건 쇠고깃국이 펄펄 끓으면서 냄새를 피워내는 모습이다. 내가 그 앞에 거지아이처럼 서 있지는 않았지만 아직껏 그때의 냄새를 잊지 못한다.

그뿐만이 아니다. 풍물패들이 지나가면서 두드리는 사물 소리도 잊지 못한다. 삑삑거리는 소리를 내는 스피커에서 흘러나오던 약장수의 상스러운 노랫소리도 잊지 못한다. 나의 어린 시절에는 장터의 장돌뱅이와 함부로 상종하지 말라는 말도 들으면서 자랐다. 아마도 장날에 고래고래 고함을 질러대는 욕지거리 때문이리라.

건천을 떠난 지 50년도 더 된 지금은 상말을 들을 일도, 내가 지껄이는 일도 거의 없다. 그때처럼 상욕을 해댄다면 몹쓸 인간이라면서 모두 슬슬 나를 피하려 할 것이다. 나도 욕하는 사람을 싫어한다. 내심으로는 고향의 친구처럼 같이 욕지거리를 해대면서 웃음으로 넘기고 싶은데 참고 있을 뿐이다.

학교에 다닐 때도, 도시에 나와서 사회생활을 할 때도 품위 있고, 고상하게 사는 삶을 귀가 아프도록 들었다. 그 탓인지 나는 입에 욕을 담지 않는다. 고상하고, 우아하고, 인격을 갖춘 사람으로 살아가려 하고 있지만, 이리도 가슴속이 허전해지는 이유가 무엇인지 모르겠다.

얼마 전에 모임의 뒤풀이 자리에서 누군가가 “살인범은 우락부락한 사람일까요. 아니면 입이 무겁고 곱상하게 생긴 사람일까요.”라는 질문을 하고는 ‘겉보기에는 마음이 착해 보이는 사람’이라고 답도 하였다. 왜냐하면 억울하고, 분한 일을 털어내지 못하고 가슴속에 쌓아만 두면, 언젠가는 폭발하는 것이 감정이기 때문이라고 설명까지 해주었다. 감정이 만들어 낸 욕설을 쏟아버려야 마음이 깨끗해진다. 담아두면 마음이 거칠어진다.

그랬구나. 적막에 싸였던 고향 마을이 아니고 왁자지껄하던 건천장이 나를 삶의 한가운데로 데려다 주는구나. 귀가 따갑도록 들었던 상욕 소리는 삶의 고달픔을 풀어내는 치유의 소리였구나. 그런데도 우리는 저 건강한 소리를 천박하다면서 외면을 하였구나. 욕을 해대던 교장 선생님 친구의 얼굴 위로 건천장이 포개진다.

“그럼요. 건천장을 잘 알고 있지요.”

밤기차를 타고

나른해져 오는 오후 녘에 간호사가 "선생님, 전화예요." 한다. "누군데?" 간호사가 말을 전하면서 고개를 갸우뚱하였기에 물어 보았다. "낯선 목소리인데요. 친구라고 하네요."라고 했다. 나는 여자친구라는 말에 잔뜩 호기심이 생겨서 전화를 받았다. "이동민 선생?" 하고 느릿하게 물어오는 목소리가 정말 낯설었다.

"예, 맞는데요. 누구세요?"

"으응, 나 ○○야."

그제서야 목소리의 얼굴이 어렴풋이 떠올랐다. 그래 맞아! 걔 목소리야. 까마득히 먼 옛날에 들었던 목소리이고, 수십 년 세월 속에 묻혀 있었던 목소리인데도 이름을 듣고 나니 얼굴과 목소리가 점점 생생하게 살아났다. 정말 신기하였다.

시골의 우리 집 앞에는 작은 텃밭이 있었다. 그 아이의 집 담이 텃밭과 경계였다. 초등학교 6년을 같이 다녔고, 고등학교 때는 같은 기차를 타고 통학하였다. 그애 엄마는 우리 집과 먼 친척뻘이라서 '아지메(아주머니의 사투리)'라고 불렀다. 그러더라도 그애와 내가 가까이 지낸 기억은 별로 없다.

그렇지만 고등학교를 다닐 즈음에는 아침의 통학 기차를 타러 역으로 가는 길에 자주 만났다. 마주쳐도 무덤덤한 기분이어서 서로 모른 척하고 지나쳤다(마주치면 가슴 설레던 여학생이 있기는 하였지만 그는 아니었다). 다만 지금 생각나는 것은 유난히 하얀 얼굴과, 몹시 새침했던 표정이다. 내게는 전혀 관심이 없어 하던 그의 태도 때문이 아니고, 전교에서 수석을 다툰다고 하였으므로 아예 말을 건네 볼 엄두도 못 내었다. 학교를 다닐 때는 공부를 잘한다면 공연히 기가 죽어서 접근하기가 조심스럽지 않았던가.

어쨌거나 그와는 거리를 두고 살아왔는데 친구라면서 전화를 해오리라고는 상상도 못하였다. 고향 마을, 유년기, 사춘기 시절을 뒤적여 보아도 전화를 할 사이는 아닌 듯하였다. 더욱이 대학을 가면서 그는 서울로, 나는 대구로 떠나왔으므로 서로 소식도 모르고 지낸 지 수십 년이나 되었다.

아니 딱 한 번 만난 일이 있었다. 4, 5년쯤 전이었으리라. 시골의 초등학교 동기생 모임이 시골에서 있었다. 그 애도 모임에 나타났다. 얼굴 표정은 여전히 옛날처럼 차가워 보였다. 그러나 말을 건네기는 예전보다 수월하였다. 멀리서 왔다고 인사를 하였더니 갑자기 고향 생각이 나서 무작정 밤기차를 탔다고 하였다. '으응, 그랬어?' 차갑던 표정의 공부 잘하는 아이로만 각인되어 있었던 탓인지 그냥 지나가는 말로만 들었다. 왠지 쓸쓸해 보인다는 느낌이었지만 여자들은 공연히 감상적으로 되는 나이리라 생각하였다.

걔가 떠나가자 친구들이 그의 소식을 말해 주었다. 남편과 헤어지고 혼자서 약국을 경영하면서 아이를 키운다는 이야기를 해 주었다. 친구들이 전해주는 그 애의 이야기를 듣고 나니 '아하 그랬구나, 그래서 훌쩍 밤기차를 타고 싶었구나.' 하는 연민의 마음이 들었다. 내 수필집 한 권을 우편으로 보냈다. 책을 잘 읽어 보았다는 말과, 너는 글을 쓰니까 정말 좋겠다는 말과, 이제 나이도 들었으니까 교회에 의탁하면 좋으리라는 말을 예쁜 편지에 담아서 보내왔다. 그 후 서로가 소식을 전하지 않아 까맣게 잊어버리고 살았다.

그런데 갑자기 전화를 받고 나니 무척 반가우면서도 찬바람이 돌듯 새침하던 아이가 전화를 걸어 준 게 신기하였다. 그는 대뜸 의약분업에 관하여 나에게 자문을 구한다고 하였다(당시 의약분업으로 시끄러울 때였다). 아는 사람이 없는 곳에서 약국을 어떻게 경영해야 할지 막막하다고 하였다. 그러면서 요즘에는 밤기차를 타고 어딘가로 훌쩍 떠나가고 싶다고 했다. '그랬구나. 객지에서 여자가 혼자 살아가는 것이 너무 힘이 들었구나.' 싶었다. 우리는 세상살이가 힘이 들면 어딘가에, 또는 누군가에게 전화가 하고 싶어진다. 그가 전화를 걸고 싶은 사람이 하필이면 나였을까? 예전에 수없이 지나쳐 다니면서 눈을 내리깔고 말 한마디 건네지 않았던 아이였는데, 싶었다.

하지만 객지에 살고 있는 우리가 영원히 돌아가고 싶은 곳은 마음의 안식처인 고향일 것이다. 틀림없이 그는 나에게 전화를 한 것이 아니고 고향이 묻어 있는 나에게, 말하자면 바로 고향에 전화를 한 것이리라. 그에게 나는 다만 고향으로 각인되어 있는 고향과 다름 아니었으리라. 삶이 고단하자 고향에 전화를 하고 싶어서 나에게 전화를 하였을 것이다.

밤기차를 타면 모든 기차는 고향으로 달려갈까? 그렇지만은 않을 것이다. 밤기차는 동해의 바다로도, 또 어느 산골의 아늑한 절집으로도, 아니 내가 꿈꾸는 유토피아의 땅으로 달려갈 것이다. 내가 만약 밤기차를 타면 달려가는 곳은 어디일까?

숨어서 우는 사람들

진료실 풍경

담당 간호사가 볼이 부어 있는 할머니 한 분을 모시고 들어오면서 "선생님, 잘 좀 보아 주세요." 하고 눈을 껌벅껌벅하였다. 할머니는 연신 팔꿈치를 쓰다듬으면서 내 앞의 의자에 앉았다.

보건소 의사가 만나는 환자는 거의 할머니와 할아버지이다. 아픈 곳이야 셀 수 없이 많지만 진료하는 나나, 진료를 받는 환자나 그냥 의례로 인사를 나누듯이 덤덤하게 말을 주고받는다. "좀 어떠세요?"라고 묻는 말도 틀에 박은 듯하고, "그냥 그렇지 뭐. 이게 어디 낫는 병이야."라는 대답도 마찬가지이다.

어쩌다가 옷을 화려하게 차려 입은 할머니가 들르면 진료실에서는 오히려 이상하다는 듯이 바라본다. 돈이 있어 보이는 분이 왜 여기를 찾아왔을까? 하는 뜻이다. 보건소 진료실은 긴긴 인생의 끝자락까지 달려오신 분들이 찾아오는 곳이다. 그것도 자동차를 타고 미끄러지듯이 달려온 분이 아니고, 따가운 햇살을 온몸으로 받으면서 터벅터벅 걸어서 오신 분들이다. 그래서인지 보건소에도 여전히 터벅터벅 걸어서 찾아온다.

간호사가 눈을 껌벅하면서 모셔온 이 할머니도 보건소에 들어서다가 윤이 나는 바닥에 미끄러져서 팔꿈치에 피멍이 들었던 것이다. 할머니는 바닥 탓만 하면서 투덜거렸고, 간호사는 '선생님, 이럴 때는 어떻게 하는지 잘 아시지요?' 하는 뜻으로 눈신호를 보냈던 것이다.

할머니가 부어 있을 때는 내가 곧잘 하는 버릇이 있다. "할머니, 고향이 어디세요?"라고 묻는 것이다. "저기, 시골이야."라고 대답을 하면 내 전략은 거의 성공한다. 일흔이 된 분이나, 여든이 된 분이나 고향 이야기를 할 때는 눈빛이 밝아지고, 부어 있던 얼굴에 금세 화색이 돌곤 한다. 이야기를 들어보면 대부분이 십육칠 세쯤까지는 고향 마을에서 살았고, 이웃 마을로 시집을 가서 힘든 농사일을 했다.

"시골에 살 때는 재미가 좋았어요?"라고 다시 물어 보면 "재미는 무슨 재미, 일만 실컷 했지."라고 대답한다. 그러나 말과 얼굴 표정은 확연히 다르다. 행여 할머니의 고향이 내가 아는 곳이기라도 하면, 나는 그곳의 마을 이름 하나 대고, 그곳에 가보았다고 운을 뗀다. 그러고 나면 틀림없이 이야기가 길어진다.

친구들과 나물을 캐러 다니던 이야기부터, 줄줄이 아이를 달고 이웃집에 농사일을 하러 다니던 고생담까지 그리움 속에 담겨지면 할머니의 회상 속에 고생담은 어디론가 사라져버리고 즐거움만 떠돌아다닌다. 팔꿈치 때문에 부어있던 할머니 얼굴은 간 곳이 없고, 아득한 옛날 이야기에 빠져 있다. 할머니 말마따나 고생만 실컷 했던 그 땅이 정말 그렇게 그리운 것일까?

간호사는 자꾸 시계를 바라본다. 시간이 너무 많이 흘렀기 때문이다. 다른 날 같으면 간호사가 슬며시 다가와서 "할머니, 이제는 약을 타러 가셔야지요."라며 자리에서 일어나게 한다. 그러나 오늘은 환자를 보호하지 못한 자책감 때문에 이러지도 저러지도 못하고 자꾸 시계만 바라다본다.

보건소를 찾아오는 환자들이 걸어온 행로야 거칠고 힘들었을 것이다. 지금 당장도 보건소의 육중한 유리문을 밀치고 나서면 단칸 셋방의 서늘한 한기가 맞아 줄 뿐이다. 골목길을 나서더라도 말상대가 되어줄 사람은 아무도 없다. 하루의 일과란 것도 햇볕이 모여드는 담벼락 아래 쭈그리고 앉아서 지나다니는 사람들이나 종일 말없이 멍하니 바라보는 것일 게다. 그러니 이야기를 들어주는 것만으로도 행복을 선사하는 일이다.

의자에 앉아서 자기 차례를 기다리던 할머니가 눈치를 보아 가면서 나에게 다가왔다. "이 할마시는 무슨 이바구(이야기)를 이리도 길게 하노. 들어보니 쓸 만한 것은 하나도 없구마는." 일어설 줄 모르는 할머니를 힐책하였다. 진료 중에는 다른 환자는 들어오지 못하도록 간호사가 제지를 한다. 오늘은 웃기만 할 뿐 모른 척하고 있다.

"내야 쪼매(조금) 앉아 있었는데, 할마시가 벨라기는(극성스럽기는)." 그러면서 일어난다. "진료만 퍼뜩(빨리) 받고 가야제."라면서 내 앞에 앉았다. 진료지를 보니까 약 처방만 받아가는 환자였다. 그런데이 할머니도 자기의 고향 이야기를 끄집어냈다. “우리사 마 ○○에서 살았다 아이가. 경치 하나는 정말로 좋았데이.” 나는 “그러세요?” 라고 답하고 웃으면서 듣기만 한다. 시골에서 오신 할머니의 이야기는 모두가 어슷비슷하였다. 그냥 들어주기만 하면 된다. 간간이 “그렇군요.”라고만 하면 된다.

이번에는 간호사가 다가와서 “할머니, 앞의 분더러 너무 오래 앉아 있다고 하시더니, 할머니는 더 오래 앉아 계셨어요.” 한다.

“벌써 그래 됐나. 내사마 금방 아이가.”

이 할머니는 긴긴 인생사의 온갖 사연들을 진료실의 허공에다 뿌려 놓고는 느릿느릿 일어난다.

아무 말도 안하고 그냥 들어만 주면 되는 건데, 내 자책은 아랑곳없이 간호사는 다음 환자를 호명하고 있다.

예방접종실에서

"일곱 살이 지났네요. 나이가 많으면 보건소에서는 접종이 안 됩니다. 소아과 의원으로 가셔야 합니다."

"거기서도 무료 접종이 됩니까?"

"접종비를 내야 합니다."

풀어지긴 해도 줄을 세운 흔적이 아직은 남아있는 바지와, 넥타이를 맨 정장 차림의 남자는 내게 가까이 다가왔다. 허리를 구부리고 입을 내 귀에 가까이하여 "10% 예외 규정을 적용해 주세요."라고 했다. 무슨 말인지 얼른 알아듣지 못하여 멍하니 바라보고 있으려니까 "예외 규정이 없는 지침서란 없잖아요."라고 하였다.

보건소에 근무하는 탓에 무슨 뜻인지 대강은 짐작이 갔다. 그래서 이건 행정업무가 아니고 의료이기 때문에 그런 규정이 없다고 해주었다. 그 남자는 조금 전의 은근한 목소리가 갑자기 퉁명스러워지면서 "그런 규정은 어디서 정해요?"라고 하였다.

"글쎄요. 보건복지부 질병관리본부에서 정하겠지요."

"복지부에 알아보고 당신한테 다시 찾아오겠소."

그 남자는 인사도 하지 않고 아이의 손을 잡아 끌듯이 하여 문을 열고 나가 버렸다.

직원들이 출근하여 근무 준비를 하느라 분주한 이른 아침에 아주머니 한 분이 접종실에서 고함을 지르며 소란을 피웠다. 예방주사실 실장은 연신 "맞습니다. 맞습니다."라면서 비위를 맞추느라 맞장구를 쳤다. "나도 이럴 권리가 있다고. 나도 세금을 내고 있어."라고 떠들던 사람은 화가 조금 삭았는지 불친절하다는 말을 한 번 더 남기고 나가 버렸다. 맞장구를 쳐주던 실장은 "자기보다 나이가 훨씬 더 많은 청소부 할머니에게 청소를 잘하니, 못하니 하면서 시시콜콜 참견하니 누가 화나지 않겠어." 하였다. 입도 코도 떼지 않고 듣고만 있던 청소부 할머니는 그제서야 청소하는 방에 들어오더니 창틀의 먼지를 손가락으로 찍어내면서 청소를 잘못한다며 잔소리를 하더라고 하였다.

초등학교에 입학하려는 아이는 반드시 맞아야 하는 홍역 예방접종하러 와서 겁에 질려서 발버둥을 친다. 주사기를 손에 쥔 간호사는 하나도 안 아픈 주사라면서 거짓말을 한다. 아이의 뒤쪽 저만치 떨어진 자리에서 엄마는 주사를 맞아야 착한 어린이라면서 달랜다. 아이는 여전히 울고, 소리를 지르면서 야단을 피우고, 팔짱만 낀 엄마는 착한 아이 타령을 되풀이한 지 10여 분이 지난다. 뒤쪽에서 차례를 기다리는 엄마들은 짜증이 나서 투덜거리기 시작한다.

나도 슬그머니 화가 났다. 다가가서 "어머니, 꼭 해야 하는 일은 하기 싫어도 해야 한다는 것을 가르쳐 주세요. 그게 교육입니다."라고 했다. 아이 엄마는 힐끗 돌아보더니 아주 기분이 나쁜 표정을 짓고 "저도 알아요."라며 톡 쏘듯이 말하였다. 말을 더 붙여볼 마음을 싹 가시게 하는 쌀쌀맞은 목소리였다. 머쓱해서 내 자리로 돌아와 '소아과 의사가 뭔데.' 하는 자괴심에 빠졌다.

입학철이 가까워지면 초등학교에 들어갈 아이들이 예방접종을 하러 한꺼번에 몰려와서 우리 방은 북새통을 이룬다. 아침에는 건강검진 책임자가 와서 바쁜 줄은 알지만 부디 민원이 안 생기도록 해달라는 부탁을 하고 갔다. 공무원들은 민원인이라면 왜정시대의 순사만큼 겁을 낸다. 달라진 세상을 피부로 느낀다.

이 세상을 살아가는 일이 모범 답안지처럼 되어 있다면 얼마나 좋을까? 그대로 따라만 하면 된다. 10% 예외 규정을 믿고 있는 사람은 온 세상이 모두 그런 줄 안다. 세금을 내는 국민이 이 나라의 주인이 맞기는 한데, 남도 배려할 줄 아는 마음씨 좋은 주인이 되었으면 좋겠다. '아이의 의사를 존중해주고, 자율성을 부여하고―.' 교양주의 지식을 교리처럼 받들고 있는 사람들이 너무 많다. 자기가 신봉하는 지식에 사로잡혀 자기와 다른 생각을 하고 있는 사람은 인정하지 않는다. 생각이 다른 사람끼리 부딪치느라 터져 나오는 소리로 소란하다. 그렇다고 유교 사상 하나만이 행세하던 조선시대로 되돌아갈 수도 없는 노릇이다.

"다양한 사람들이 사는 사회에 적합한 묘약을 알고 있는 사람, 누구 없소?"

벽 (1)

개원한 지 일주일쯤 지났다. 진료를 받은 환아의 엄마들이 나를 어떻게 평가해줄까 무척 궁금하였다.

저녁에 아내가 그늘이 가득한 얼굴을 하고 말을 건넸다. "우리 의원의 맞은편에 리어카로 난전을 하는 아줌마 있지요? 그저께 아이를 진료하러 왔어요?" 하고는 내 눈치를 살폈다. 의아해 하는 나에게 들려준 이야기는 이랬다.

'시장을 다녀오는 길에 그 앞을 지나치려니까 얼핏 우리 의원을 말하는 것이 들렸다, 귀가 번쩍 열려서 일부러 걸음을 멈추고 뭐라고 하는지 들어보았다, '이 앞의 소아과 의사는 아무 것도 모르더라.'는 말에 가슴이 철렁 내려앉더라고 하였다, 아이가 놀라서 갔는데 아무 것도 모르더라, 아이가 놀라는데도 아무 이상이 없다면서 약도 지어

주지 않고 그냥 가라고 하더라.'라며 혀를 끌끌 차더라고 하였다.

나도 그 아줌마를 기억하고 있었다. 2, 3일 전에 생후 한 달쯤 되는 아이를 데리고 와서 밤에 잠을 자지 않고 보채더라고 했다. '틀림없이 놀랐다.'라는 진단서까지 붙여서 왔다. 소아과에서는 이런 일을 많이 경험했기에 나는 진료를 하지 않고도 '정상아'라는 것을 알고 있다. 그래도 청진기를 가슴에 대어 보고, 여러 곳을 꼼꼼하게 진찰하였다. 방금 개원을 하였으므로 내 딴에는 친절하게 보이려고 애를 썼다. 아무 이상이 없으므로 약을 먹지 않아도 된다고 하고, 그냥 돌려 보냈다. 병이 없다면 기뻐할 줄 알았던 내 기대와는 달리 머리를 갸우뚱하면서 "놀란 아이를 그냥 두어도 됩니까?"라며 불만스런 투로 말하였다.

나는 과학적이고 합리적이라는 서양의 잣대로 교육받은 젊은 의사였다. 서양의학을 공부하면서 내가 배운 방식 이외의 의술은 절대로 용납할 수 없었다. 의대를 졸업하고 올챙이의사가 되어서 환자를 다루면서 많은 사람들이 내가 배운 잣대로 병을 재단하지 않는다는 사실을 알았다. 나는 그것을 도저히 인정할 수 없었다. 전통요법이라고 억지를 부리는 사람을 만나면 그들의 무지에 분노마저 느꼈다. 논리적인 설명도 없이 놀랐느니, 혈이 막혔느니, 기가 약해졌느니 할 때는 연민의 정마저 느꼈다. 이들에게 원인과 결과를 이치에 맞게 설명해 주면 무지의 벽은 금방 허물어지고 내 말을 따르리라고 믿었다. 고개를 갸웃하면서 긴가민가하는 엄마에게 정말 열심히 설명해 주었다. 솔직히 말해서 왜정 시대에 농촌에 가서 계몽운동이라도 하는 기분이 되어서 '놀랐다'라는 진단이 얼마나 비과학적인가를 이해시키려

하였다.

환아의 엄마가 돌아가면 간호사가 입을 비쭉거리면서 흉을 보았다. 선생님이 그저께 그렇게 열심히 설명해주었는데도 이웃집 할머니에게 가서 손끝을 따고(손가락 끝을 바늘로 찔러서 피를 내는 것) 왔다면서, 손끝이 발갛게 부풀어 올랐던데 염증이 생기는 것이 아닌지 모르겠다고 하였다. 그런 말을 들을 때는 절망감에 사로잡혔다. 그럴 때마다 내 앞을 육중하게 가로막고 있는 벽을 느꼈다.

내 의원 앞에서 난전을 한다는 엄마도 그랬다. 내 눈치를 살피던 아내는 "당신이 옳은 게 맞아요. 그 여편네가 무얼 안다고."라며 내 편을 드는 척하였다. 다시 힐끗 나를 쳐다보고 나서는 "당신, 그럴 때는 엄마를 타박하지 마세요. 그런 것이 아니라고 너무 강하게 설명하면 자기를 무시한다 싶어서 기분이 나빠지는 것이 사람이거든요. '엄마 말도 맞네요. 그런 것 같네요.'라고 해주세요. 그리고 치료는 당신 방식대로 하면 되잖아요." 했다. 개원을 한 지 겨우 일주일쯤인데 평판이 나빠질까 봐서 하는 말이다. 나는 아내가 눈치를 살피면서 조심스레 하는 그 말도 듣기 싫었다. 덧붙여서 "다른 의원에 가서 '놀랐다.'고 하니까 고개를 끄덕끄덕하면서 약을 지어주더래요. 당신도 그러면 안 돼요?"라고 했다. 나는 아내가 걱정이 되어서 하는 그 말도 듣기가 싫었다.

개원의 연륜이 쌓여가자 나도 고개를 끄덕끄덕하였다는 선배님처럼 마음이 누그러져 갔다. 그러나 민도가 낮아서 질병을 비과학적으로 생각하지만 교육받은 사람이 많아지면 비과학적인 민간 치료는 저절로 없어지리라고 믿었다. 그 후에도 무슨 사명감에 사로잡힌 듯이 설명을 해 주었다. 그러나 개원의사의 연륜이 5년이 되고, 10년이 되어가도 별반 달라지는 것이 없어 보였다. 달라진 것이라면 내가 예전처럼 열성적으로 그들을 이해시키려 하지 않는 것이다.

신토불이라는 말이 유행할 때도 그랬다. 정력제라면서 산골짜기에서 겨울 잠을 막 깨어나는 개구리의 씨를 말리면서 잡을 때도 그랬다. 고등학교 동기회에서 해구신이나 곰 발바닥의 약효를 두고 갑론을박할 때도 그랬다. 대학까지 나온 친구들은 절대로 무지랭이가 아니다. 그런데도 나의 설명을 두고 "과학적이라는 것이 뭔데? 경험에서 진리를 추출해내는 방법을 귀납법이라지 않니? 수천 년의 경험이 축적된 비법인데도 못 믿겠다는 거니? 신토불이란 말을 들어보지 못했어? 신토불이에는 과학적인 논리가 들어 있는 거야." 반박하는 말이 너무 정연하여 내가 오히려 반론을 펼치지 못할 지경이었다. 민도가 높아지면 그들의 믿음이 무너지리라는 내 기대는 무참하게 어긋났다. 그들의 믿음은 더더욱 단단해져서 깨뜨리기가 더 어려워진 것 같다.

나는 나대로 그들의 주장을 절대로 받아들이지 않는다. 말도 안 되는 소리를 지껄인다는 것이 나의 신념이다. 내가 배운 방식대로 두꺼운 벽으로 울타리를 만들어 놓았다. 사람은 누구나 자신의 울타리를 단단하게 쳐 놓고 살아가는가 보다. 그 벽은 너무 단단하여 허물기가 쉽지 않나 보다. 그렇다면 우리는 어떻게 살아야 할까?

벽 (2)

대학에 봉직한 동기까지 정년퇴임을 하였으니 우리도 나이가 꽤 들었나 보다. 한가해서인지 동기 모임에는 전보다 자주 출석한다. 1960년대 살기가 무척 어려웠던 때 대학에 갔다. 자연히 등록금이 쌌던 교육대학이나 사범대학에 많이 진학하였다. 그러다 보니 평생 교직에 있다가 퇴임한 동기들이 많다.

데모 때문에 신문의 지면이 시끄러울 때, 동기회는 이들의 성토장이 된다. 교육자들인데도 동기들의 목소리는 거칠기 짝이 없다. "밥 먹고 살도록 했더니 빨갱이짓이나 해. 이런 놈들은 모조리 총살감이야." 나는 이들의 분노를 충분히 이해한다. 솔직히 말하자면 나도 내면으로는 이들의 주장에 동조하고 있다.

우리는 끼니를 때우기도 어렵던 시절에 오로지 배불리 먹고 살 수 있는 세상을 만드는 것이 꿈이었다. 배고프지 않는 세상은 꿈꾸어 온 우리의 유토피아였다. 국가가 요구하면 몸이 망가지는 한이 있더라도 일을 하였다. 자유니, 민주니, 독재니 하는 구호는 우리의 관심을 끌 수 없었다. 아니 그럴 겨를이 없었다. '민주화 운동'이라는 말을 듣긴 했어도 배가 부르니까 철없는 자들이 하는 사치스러운 놀이쯤으로 생각하였다. 사회에서 역할이 끝나고 노후의 삶을 살아가는 오늘까지 4 · 19, 5 · 16, 새마을운동, 박 대통령 시해, 월남전쟁, 광주민주화운동, 대북 정책의 변화 등 끊임없이 바뀌는 세월 속에서 온갖 풍상을 겪은 것이 우리들이다.

그러나 동기들의 머릿속에 각인되어 있는 이념이랄까, 믿음은 조금도 변하지 않았다. '보수 꼴통'이라는 욕설을 들으면서도 동기들의 생의 지표는 요지부동이었다. 나는 더러 내심과 다르게 이제는 세상을 좀 더 열린 마음으로 바라보아야 한다고 설득한다. 동기들의 반응은 싸늘하기만 하다. 이회창이 대통령에 당선되지 못하자 밤에 잠을 이루지 못하였다는 몇몇 동기도 있었다. 친구들을 설득하려 들면 이들은 단박에 얼굴이 험악해진다. "모조리 때려 죽여야 한다."라는 말도 서슴없이 한다. 많은 희생을 치르면서 곳간에 채워둔 곡식을 아무런 노력도 없이 꺼내 먹는 것이 못마땅한데, 한술 더 떠서 정의니 평등이니 하면서 곳간을 마구 풀어헤치려 한다는 피해의식에 사로잡혀서 분노하였다.

나는 이해를 하면서도 스스로가 믿고 있는 사고의 틀 속에 갇혀 있는 그들을 안타까운 심정으로 바라본다. 그들이 겹겹으로 쌓은 사고의 벽이 너무 견고하다. 스스로 허물 생각은 조금도 하지 않는다.

내가 공부하는 모임이 있다. 3-40대의 젊은 층이 주축을 이룬다. 종강을 하고 회식하는 자리에서 우연히 광우병 사태가 화제로 떠올랐다. 나이 차이가 많다 보니 나는 잠자코 그들의 이야기를 듣기만 하였다. 그들은 광우병 사태란 정부가 국민을 속이고 있기 때문에 일어난 정상적인 저항이었다는 논리를 펼쳤다. 이런 이유로 그들이 벌인 항의는 지극히 정의로운 일이라고 했다. 그들의 이야기가 듣기 거북하여 참았어야 했는데 그들의 이야기에 끼어들었다. 데모의 이유로 광우병을 핑계삼는 것은 잘못이다. 2007년에 WHO의 발표에 의하면 전세계의 60억 인구 중에 광우병으로 사망한 사람은 한 사람이라고 한다. 그렇다면 나라가 시끄럽도록 데모할 사유는 안 된다고 하였다. 내 직업도 있고, 내 나이도 있으니까 수긍해 주리라고 믿었다. 그러나 아니었다. 내가 순진하였다.

그들은 목소리를 높이면서 내가 틀렸다고 아주 강하게 말하였다. 덧붙이기를 "이번 천안함 사건만 보아도 뻔하지 않습니까. 정부가 국민을 얼마나 속이고 있는지 알 수 있지 않습니까?" 데모를 해야 정부가 국민을 속이고 있는 실상을 알려줄 수 있다고 하였다. 글쎄, 천안함은 내가 전공이 아니므로 모르는 일이지만, 적어도 광우병은 정부가 속이고 있는 것이 아니라고 하였지만 내 말을 받아들이려는 기미는 전혀 보이지 않았다. 나는 "그만합시다." 하고 그들의 이야기에서 빠져 나왔다.

옆에 앉아 있던 젊은 엄마뻘쯤 되는 여자는 "선생님은 지적 수준도 꽤 높으신 분인데 어떻게 그런 낡은 사고에 젖어 있습니까."라고 하였다. 조금은 가엾다는 표정이었다. 내가 그들에게 병을 다루는 의사라는 직업인으로서 광우병이 나의 소관임을 인정받지 못한 것이 슬펐던 것이 아니다. 바위보다 더 단단하게 굳어 있는 이념의 벽 앞에서 무기력하였던 내 자신에 절망하였다. 좀 더 벽의 높이를 낮추고 생각이 다른 사람의 말에도 귀기울여 줄 수는 없을까 하는 마음이었다. 내 친구들이 '모조리 때려 죽여야 한다.'고 하였듯이, 나이 차이라는, 같이 공부를 하고 있다는 벽이 없었다면 이들도 또한 꼭 같은 말을 하였으리라 싶었다.

이 세상을 티 하나 없는 깨끗함으로 만들 수만 있다면 얼마나 좋을까. 누가 말했던가. 우리가 사는 세상은 49%의 악과 51%의 선만으로 채워도 아름다운 세상이 된다고. 이야기를 나누다 보면 우리는 자기가 옳다고 생각하는 것만으로 이 세상이 완벽하게 채워지기를 바란다.

어렸을 때 어머니가 들려준 이야기가 생각났다. 전쟁이 났던 해의 모심기 때였다. 하루는 순경 두 명이 찾아와서 들에서 일을 하고 있는 우리 집 일꾼을 데려갔다. 그 다음날에 오리재라는 산골짜기에서 총살을 하였다고 하였다. 남의 집에서 머슴살이를 하는 젊은이가 무슨 죽을 죄를 지었을라구. 뭐라더라, 빨갱이들이 모이는 모임에 우연히 나갔다가 순경에게 붙잡힌 일이 있었다더라. 그때는 걱정하지 말고 집에 가서 일이나 열심히 하라고 했다는데…, 전쟁이 나니까 느닷없이 잡아가서 죽였다고 하였다. 다음날에 아버지라는 분이 찾아와서 마루에 맥없이 앉아 있던 모습이 선하다고 하였다. 만약에 지금, 전쟁이 일어난다면 어떤 일이 벌어질까. 생각을 하니 소름이 끼친다.

6 · 25때 겪은 아픔의 역사가 지금도 얼마든지 일어날 수 있다는 생각이다.

우리는 왜, 내가 만든 감옥 속에 나를 가두어 둘까. 그 벽을 조금만 허물고 다른 사람의 주장도 받아 준다면 '모조리 죽일 일'도, 나를 가엾다는 투로 바라보는 일도 없을 것이다. 내가 나를 감옥에 가두어 두고 폭력을 휘두르는 일을 소위 지성인이라는 사람들로부터 나는 소름이 끼치도록 체험하였다.

숨어서 우는 사람들

우리나라에서 약 3만 명이나 되는 사람이 자기의 슬픔을 드러낼 수 없어서 숨어서 울어야 하는 사람이라면 우리는 뭐라고 말해야 할까. 자살률이 일반 사람들보다 1000배나 더 높다면서 그들을 소개하는 인터넷에 달린 댓글은 이랬다.

"어떻게 자기 하고 싶은 대로 하려고 하는지 원……. 타고난 남자, 여자는 절대로 고치면 안 되지…. 그러니까 정신병자지…. 무슨 말도 안 되는 이유를 대가며…. 그렇게 다 고치고 나면 세상은 엉망진창이 되어가는 거지."

"그 법관을 우리 집 강아지 모양으로 성형 수술을 시키면…? 그 법관은 견공이 되나요."

"시발, 성전환자만 사람이냐. 일반 성인을 좀 신경 써라."

이제는 소리도 내지 못하고 숨어서 울어야 하는 사람이 누구인지 짐작이 갈 것이다.

댓글을 보면 그냥 참고 살라는 점잖은 충고 같지만 아예 정신병자로 취급해버리는 무지와 독선이 넘쳐나고 있다. 처음으로 성전환자를 법적으로 인정해준 아량이 넓은 어느 판사는 마찬가지로 정신병자 취급을 받았다. 다수의 이데올로기가 소수의 불쌍한 사람들을 윽박지르는 횡포가 엿보인다. 그리고 드디어 '시발'로 시작되는, 소수자에 대한 다수자의 잔인한 폭력까지 휘두르고 있다.

몸과 마음이 따로인 사람은 불행한 사람이 틀림없다. 행복이란 것이 정신적으로는 만족하고, 삶에 즐거움을 느끼는 것이라면 이들은 이런 걸 느끼는 보통사람들보다 1000배나 더 높은 자살의 충동을 느끼고 있다니까 불행한 사람들이다.

1990년대의 어느 날, 연세대학교 비뇨기과의 이무상 교수에게 환자가 한 명 찾아왔다. 남자의 몸으로 태어났는데, 여자로 성전환 수술을 받았다는 사람이었다. 이때 이 교수는 '경악'이라고 표현할 만큼 놀랐다고 하였다.

물론 의학 교과서에서는 이런 질환도 엄연히 나와 있고 시술 방법도 소개하고 있지만 그때 우리 사회에서 성전환 시술을 행한다는 것은 감히 상상도 못하였다. 사회가 용납하지 않았기 때문이었다. 우리나라의 최고 의술을 자랑하는 대학 병원에서조차 다루지 않았던 것이다. 더더욱 놀란 것은 다섯 명이 하숙방에서 돌팔이에게 몰래 성전환 수술을 받았다고 것이었다.

남자인가, 여자인가를 결정하는 것은 몸의 생김새인가, 마음으로 생각하기인가. 우리는 몸보다는 정신에 더 높은 가치를 부여하고 있는 사회에서 살고 있다. 그런데 몸과 마음이 서로 다른 성을 주장하면 생각할 겨를도 없이 몸의 주장이 옳다고 단정해버린다. 몸은 하느님이 만드신 것이기 때문이다. 그렇다면 정신은 누가 만든 것인가. 악마가 만들었는지 모를 일이다.

우리나라에서 성전환 수술의 권위자로 전세계에서 인정받고 있는 동아대의 김석권 교수는 "몸의 성과 마음의 성이 일치하지 않는 사람은 엄청나게 괴로워하고 있습니다. 이것은 질병으로 고통받는 것과 하나도 다르지 않습니다. 고통 때문에 온전한 삶을 살지 못하는 그들에게 성전환 수술로 바르게 살 수 있게 해준다면 '질병치료'의 의미에서도 바람직한 것입니다."라고 말한다.

왜 그들이 다른 성의 사람으로 생각하는가의 원인은 밀쳐두고라도, 현대의 정신의학 입장에서 말한다면 이들의 생각을 되돌리도록 하는 치료 방법은 없다고 한다.

이들의 일반적인 특징이라면 편모 슬하에서 자랐거나, 불우한 환경에서 힘들게 살아온 사람들이 많다고 하는 사실은 우리의 가슴을 더 아프게 하고 있다.

남성으로서 결혼까지 한 남편이고, 아이의 아버지이기도 했던 어느 남자는 남성으로서 살아가는 일이 너무 고통스러워서 부인에게 자기의 쓰라린 아픔을 절박하게 호소하였다. 아내는 눈물을 흘리면서 남편의 수술을 허락해 주었다. 물론 여자로 태어나는 남편에게 이혼 도장도 찍어 주었다.

그 남자는 수술을 끝내고 비로소 진정한 삶을 누릴 수 있게 되었다면서 감격했다고 한다. 그들은 다만 마음의 병을 앓고 있는 환자일 뿐이다. 그렇다고 하여 그들이 이 사회에서 같이 살고 있는 다른 사람에게 위해를 끼치는 일은 없다. 이들은 이미 정신의학학회에서 환자가 아니라는 판정을 받아놓고 있다. 이제는 의학이 아닌 우리 사회가 그들의 슬픔을 달래주고, 아픔을 치유하는 몫을 떠맡아야 할 것이다.

김석권 교수에게 기자가 던진 질문에 대한 대답은 이랬다. '수술을 받고 나서 후회한 사람은 한 사람도 없었다. 그 이전에 이미 수년에서 수십 년을 반대의 성의 복장과 외모로 살았던 사람들이다. 그로 인해 많은 수의 사람들이 사회로부터 온갖 천대와 멸시를 받으면서 살아왔던 사람들이다. 이 때문에 성전환 수술을 받고 희열을 느낀다는 사람도 많았다.'

성전환 수술을 받은 사람의 85-90%가 만족해하고, 생활도 훨씬 더 안정되고 경제적 수입도 늘어났다고 한다. 그렇다면 우리는 이제 그들을 더 이상 어둠 속으로 밀어넣어서 숨어서 울게 해서는 아니 될 것이다.

성전환자에게는 왜 차가운 비웃음만 보내는 것일까? 이제는 우리도 마음을 열고 밝음 속으로 나오도록 도와주어야 할 것이다. 환한 웃음으로 우리를 기쁘게 해주는 '하리수'가 징그러운 괴물이 아니지 않은가.

소리 없음에

2층 진료실의 내 자리 뒤편에는 눈높이에 꼭 맞게 자란 은행나무가 서 있다. 틈틈이, 아무 생각도 없이 눈을 들어 창 너머로 바라보면 푸른 잎을 수북이 달고 있는 은행나무가 나를 가로막아 선다. 바람결에 흔들리는 잎들 사이로 언뜻언뜻 하늘도 보인다. 파란 잎이 엉켜 있을 때는 생명이 덩어리져 있는 파란색만으로 보인다. 이즈음에는 찬 바람이 불어온 탓인지 잎들은 노랗게 변해갔다. 왠지 이럴 때는 노란색만이 아닌, 하나하나의 잎이 보이기 시작한다. 하기야 잎이 많이 성글어진 탓도 있으리라.

문득 인터넷에 올라온 시 한 구절이 생각났다. 나무에 매달려 있는 노란 잎들을 보면 수많은 나비들이 앉아있는 것 같다고 하였다. 푸른 색깔만이 자욱할 때는 전혀 느껴지지 않았는데 노란 잎을 바라보니 영락없이 노랑나비이다. 노란 나비가 가득하게 앉아있다고 생각하니 단순히 잎들이 노랗게 물들었구나 하고 바라볼 때와는 느낌이 아주 다르다.

지난밤에는 천둥과 번개가 치면서 바람도 거칠었고 비도 세차게 쏟아져 내렸다. 비가 그치면 겨울이 성큼 한걸음 더 다가오리라는 일기예보도 있었다. 시간이 한가하여 무심코 바깥을 내다보다 깜짝 놀랐다. 비바람이 몰아치자 그 많던 나비들이 어디론가 날아가 버리고, 여기저기에는 가지마저 앙상하게 드러난 곳도 있었다.

여전히 바람은 불고 있었지만 창으로 막혀서인지 바깥의 소리는 하나도 들리지 않았다. '소리 없음', 이것이 내 귀가 감지해낸 유일한 소리였다.

오래도록 바라보고 있으니 마음의 귀가 열리면서 듬성듬성한 나뭇잎에서 노랑나비의 날갯짓 소리가 들려왔다. 잎이 아니고, 수많은 나비들이 앉아서 날개를 폈다 오므렸다 하는 모습이 마음의 눈에 비치기 시작하면서 그들의 속삭임도 들려오고 있었다.

귀 기울여 보았다. 뚫린 내 귀로 〈마리아, 마리아〉라는 뮤지컬의 여주연을 맡은 강효성 씨의 노랫소리가 들려오고 있었다. "내 당신에게 마음을 열겠소. 오직 내 남자인 선한 당신에게 마음을 열겠소." 막달라 마리아가 예수에게 호소하듯이 부르는 노랫소리이지만 청중들은 농아자들이므로 그 소리를 들을 수가 없었다. 그래서 강효성 씨는 그들을 위해 수화를 하면서 노래를 부르고 있었다. 그 소리 없음에도 농아자들인 청중들은 여기저기서 훌쩍거리고 있었다.

나도 강효성 씨의 노랫소리를 듣고 있었다. 그렇지만 내 눈에 물기가 서린 것은 노랫소리 때문이 아니고 손으로 노래를 전하는 소리 없음 때문이었다.

소리 없음 속에서 은행나무는 나에게 속삭이기도 하였을 것이고, 흥겹게 노래를 불러주기도 하였을 것이고, 고통스러운 절규도 하였을 것이다. 그러나 나는 지금껏 듣지 못하였음을 조금도 마음 아파하지 않았다. 지난밤 사이에 가지가 드러나도록 떨어져버린 잎들을 보면서 갑자기 나도 저 잎들처럼 매달려 있다는 생각이 들었다. 그렇지만 지금의 내 모습이 고운 모양을 한 나비일까. 아니면 떨어지지 않으려 기를 쓰면서 매달려 있는 추한 모습일까. 가늠이 되지 않는다.

거동이 불편하여 휠체어에 앉은 채 막내딸의 도움으로 찾아오는 팔십 할머니가 계신다. 말이라고는 도무지 없다. 진료가 끝나도 막내딸은 돌아갈 생각도 않고 긴 하소연을 늘어놓곤 한다. "선생님, 저도 공장에 일하러 다니거든요." "남의 집에 셋방살이를 하는데, 엄마는 저희 집에만 있으려고 해요." "언니는 자기 집도 있고…. 오빠네는 시골에서 잘살고 있는데…." 하소연을 듣다 보면 끝이 없다. 나는 그냥 "그렇습니까. 그렇습니까."라고 할 뿐이고, 할머니는 아무 표정도 없이 저쪽 벽을 멍하니 바라보고 있다. "오빠 집에 모셔다 드리려고 하면 할망구가 아침부터 밥도 먹지 않고…, 그런 날은 한사코 집 밖에 나가려고도 않고…, 너무 불쌍해서…." 막내딸이 목이 메여 말을 잇지 못하는데도 할머니는 여전히 미동도 않는다.

나는 왠지 막내딸의 하소연보다는 할머니의 말없음에 가슴이 아팠다. 나는 더 이상 "그렇습니까." 라는 말도 할 수 없었다. 할머니의 말없음 속에는 세월에 묻혀 용해된 숱한 소리가 가라앉아 있을 것이다. 여름 내내 푸른 잎들을 매달고 있다가 이제는 미약한 한 줄기 바람도 이겨내지 못하고 떨어져 내림을 내가 곁에서 지켜보지 않았는가. 나는 할머니도 낙엽이 되어 떨어지지 말고 나비가 되어 날아갔으면 싶다.

막내딸은 "엄마, 제발 좀 아프지 마."라며 짜증스레 말했지만 내 귀로는 엄마에 대한 사랑과 연민을 들을 수가 있었다. 그들이 나가자 진료실은 다시 조용해지고, 나는 창 너머로 고개로 돌렸다. 노란 잎 몇 개가 바람결에 흔들거리고 있었다. 오직 선한 당신에게 즐거운 마음으로 돌아가려 한다는 은행나무 잎의 소리가 들려오고 있다. "나도 낙엽이 되어 떨어지지 말고 나비가 되어서 날아갔으면…." 중얼거려 보았다.

사랑의 쌀독

대구의 어느 구청 민원실에 근무하는 여직원이 생활이 어려운 사람을 도우려 '사랑의 쌀독' 운동을 시작하였다. 관내에 있는 시민 단체와 봉사 모임을 찾아 다니면서 쌀 한 가마니를 희사해 달라고 부탁하였다. 이들은 대부분이 먹고 사는 걱정은 덜었다는 중산층의 사람이 만든 모임이다. 서로 경쟁하면서 살아야 하는 우리 사회에서 오늘의 중산층이 되기까지는 죄책감을 느끼는 일도 하였을 것이다. 사회봉사는 그에 대한 대속이다. 기꺼이 응하였다.

이렇게 모은 쌀로 민원실의 대기실에 있는 커다란 독에 채워 두었다. 앞에는 '필요한 사람은 언제든지 가져가세요.'라는 팻말도 세워 두었다. 관청이라면 흔히 사람을 다스리는 기관이라는 선입견 때문에 좋지 않는 인상을 가진다. 구청으로서는 좋은 일을 한다는 칭송을 받으면 선입견을 지우는 방법이 된다. 하루의 끼니를 때우기 힘들어 하는 사람이 고마워하면서 가져간다면 그야말로 누이 좋고, 매부 좋은 일이다.

대기실에 놓아 둔 쌀독은 계층이 다른 사람이 서로 돕고, 화목하게 살아가는 상징물이 되었다. 중산층의 사람들이 힘겹게 사는 사람에게 도움을 베푸는 일은 시민사회에서는 아름다운 미덕이다. 쌀독은 바로 미덕의 상징물이 되었다. 우리 사회는 사랑과 화합이 넘쳐나고 있다는 메시지를 전하고 있다. 더 나아가서 자본주의 사회는 어느 다른 사회보다 더 행복을 보장한다는 신화를 만들고 있다. 신화란 수많은 뒷이야기를 은폐한 채 전하고 싶은 이야기만 한다. 아니나 다를까 며칠 뒤에 신문에서는 '사랑의 쌀독' 운동을 사실보다 더 아름답게 치장하여 사람들에게 널리 퍼트렸다. 신화에는 과장과 허상이 담긴다는 사실을 신문 기사는 결코 잊지 않았다.

나는 신문에서 이 기사를 읽고 가슴이 찡해 오는 것을 느꼈다. 보건소에 근무하면서 기동도 불편한 몸으로 지하 단칸방에서 혼자 거처하는 노인을 보았기 때문이다. 그들에게는 한 됫박의 쌀도 분명히 도움이 된다.

'사랑의 쌀독' 운동은 사랑이라는 이름으로 포장하여 우리가 사는 세상이 아름답다는 사실을 널리 알려준다. 더 나아가서 시민계급이라고 하여, 사회의 중심이 되는 중산층이 하층민을 착취하는 사람이 아니고 사랑을 베푸는 선한 사람이라는 것을 알리는 데도 한몫을 한다.

쌀독으로 사용하는 옹기는 서민들이 많이 사용하는 일상 용기일 뿐이다. 쌀을 담아서 민원실에 둠으로써 단순히 평범하고 값싼 그릇에서 메시지를 담고 있는 새로운 존재로 재탄생하였다. 메시지가 많은 의미를 담고 있는 이야기가 되면 신화가 되는 것이다. 쌀독의 신화는 자본주의의 삭막한 사회를 서로 도우면서 살아가는 아름다운 사회로 둔갑시키는 역할을 훌륭하게 수행하였다.

구청의 민원실은 삶의 현장에서 부대끼며 살고 있는 사람들이 가장 많이 찾아오는 곳이다. 먹고 살기 위해서 조그만 사업이라도 하려면 허가니, 신고니 하여 들르는 곳이고, 잘못하여 단속에라도 걸리면 억울함을 하소연하러 찾아와야 하는 곳이다. 그러나 두려운 마음을 지니고 찾아온 사람들은 사랑의 쌀독 앞에서 마음이 조금은 누그러진다. 쌀독이 떠맡고 있는 역할이다. 바로 자본주의 사회의 어두운 구석을 은폐하고 스스로의 잘못을 인정하라는 신화를 담고 있는 역할도 한다.

퇴근 시간이 가까워지면 가방을 챙기고, 옷깃을 여미느라 민원실은 부산해진다. 허름한 차림의 노인이 큼직한 자루를 손에 둘둘 말아서 쥐고 쌀독 쪽으로 걸어갔다. 자루를 벌리고 쌀을 담았다. 자루의 무게가 힘에 부치는지 어깨에 메고 뒤뚱거리면서도 잽싸게 문 쪽으로 걸어갔다. 민원실 직원은 문을 밀치고 나갈 때서야 그 노인을 보았다. 직원 한 사람이 "어, 저 노인 봐."라며 못마땅하여 소리 질렀지만 이미 사라지고 난 뒤였다. 이튿날에도 퇴근 시간쯤 되자 그 노인이 나타났다. 자루에 쌀을 퍼 담고는 재빨리 문을 밀치고 나가 버렸다. 여직원이 부리나케 뛰어나갔지만 이미 저만치서 자전거를 타고 가고 있었다. 바닥이 드러난 쌀독을 다시 채우고 퇴근하였다.

다음날에는 여직원들이 잔뜩 벼르면서 기다리고 있었다. 노인은 여전히 퇴근 시간에 맞추어서 자루를 쥐고 나타났다. 여직원은 노인에게 다가갔다. “할아버지, 조금씩 가져가셔야지, 한꺼번에 한 자루씩 가져가시면 어떻게 합니까?” 노인은 힐끗 쳐다보면서 아주 당당하게 말하였다. “이 여자가 사람을 놀리는 거야. 이것 봐, 필요한 만큼 가져가라고 하였잖아.” 그는 팻말을 가리켰다.

여직원은 이런 일이 일어나리라고는 꿈에도 생각하지 못하였다. 너무 황당하여 멍히 서 있는 사이에 노인은 자루에 쌀을 퍼 담아서 나가 버렸다.

‘사랑의 쌀독’은 우리가 사는 세상은 사랑으로 이루어져 있다는 착각을 일으키게 해 주었다. 이 세상은 결코 사랑으로만 만들어져 있는 것이 아니라는 진실을 잠시 숨겨주었지만 여직원도 신화의 설득력이 너무 강하여서 자신이 착각에 빠져 있다는 사실을 잊고 있었다. 노인 때문에 우리 사는 세상은 사랑만으로 만들어진 것이 아니라는 진실을 깨달았다. 꼭 노인 때문만이 아니었지만, 어쨌거나 ‘사랑의 쌀독’ 운동은 한 달 만에 접어버렸다.

구청 직원이 들려준 이 이야기는 나에게 온갖 생각을 떠오르게 했었다. 현실은 포장된 신화만으로 가릴 수 없구나. 구청의 바람대로 가난한 사람이 한 됫박의 쌀만 퍼 담아 갔다면 이것은 얼마나 아름다운 이야기가 되었을까. 인간은 신화에 나오는 사람처럼 선량하지만 않다는 진실을 간과해서 일어난 일이었다.

그러나 인간이 사는 곳에서는 진실 못지않게 신화도 필요하다는 사실을 깨달은 것은 훨씬 뒤였다.

문양역

대구를 가로지르는 2호선 전철은 동서로 길게 뻗어 있다. 서편의 종착역이 문양역이다. 나는 도시의 동쪽에 살고 있으므로 문양역까지는 한 번도 갔던 적이 없다.

7월의 동기회 모임은 무더위를 피하여 야외에서 가지기로 하였다. 총무로부터 전화가 왔다. 12시까지 문양역에 내리라고 하였다. 그곳에 모이면 식당버스가 데리러 온다고 하였다.

전철역이 있는 곳이라고 하면 어쩐지 도시의 냄새가 물씬 풍긴다. 지하철은 바로 현대 도시를 은유하는 상징물이기 때문이다. 나는 팔공산 자락에 있는 식당을 염두에 두고 있었다. 그래서 문양역에 모이라고 하는 것이 조금 의아했다.

다사역을 지나서면 전동차는 7월의 햇살이 퍼붓고 있는 지상으로 나왔다. 차창을 통하여 보이는 풍경은 햇살 속에 풋풋한 생기가 뿜어 나오는 한여름의 들녘이었다. 멀리 산자락 밑에 몇 동의 현대식 건물이 흐릿하게 보이는 것이 유일한 도시의 잔재라고 할까. 지하철 전동차는 내가 갑자기 낯선 세상을 만나서 어리둥절하게 하는 요술을 부렸다. 산자락에 있는 역사만이 도시의 풍모를 지닌 채 우뚝 서 있었다. 지하철 역사가 풍광과는 어울리지 않아서 낯설었던 것이다. 이곳에 서니 마치 꿈을 꾸듯이 환상의 세계 속으로 숨어든 느낌이었다.

역사의 아래층으로 내려오니 더운 열기가 후끈거리면서 덮쳐 왔다. 전동차 안의 찬 공기에 움츠려 있던 피부에 물기가 칙칙하게 배어들었다. 커다란 홀에는 많은 사람들이 의자에 앉아서 쉬고 있었다. '여기가….' 나는 두리번거리면서 친구들을 찾았다. 친구들은 보이지 않았다.

홀의 쉼터에 앉아 있는 사람은 모두가 할아버지와 할머니였다. 멍히 앉아서 초점 없이 한곳을 바라보는 사람도 있었고, 옆의 사람과 이야기를 나누는 사람도 있었다. 그러나 그들 사이에 흐르고 있는 분위기는 조용하고, 착 가라앉아서 무거워만 보였다. 제법 말쑥하게 차려 입은 노인도 있었고, 행색이 허름한 분들도 있었다. 그러나 조용하게 앉아 있기로는 모두가 같았다.

어쨌거나, 그들 나름의 긴 행로를 지나서 이곳까지 온 것은 틀림이 없다. 그들이 지나온 삶의 여정이 어떠하였는지는 알 길이 없다. 다만 그들의 행색을 미루어서 짐작만 할 뿐이다.

나는 친구들이 보이지 않아서 바깥으로 나왔다. 역사의 마당에는 몇 그루의 큰 나무가 그늘을 만들고 있었다. 시골의 정자를 닮은 건물도 서 있었다. 사람들이 빈자리가 없도록 앉아 있기로는 홀의 쉼터나 다를 바 없었다. 앉아 있는 노인네의 얼굴과 자세를 똑같이 닮은 친구들이 여기에 있었다. 반갑다고 손을 번쩍 들어서 환영해 주었다.

눈앞에는 자란 벼들이 검푸른 색을 띠면서 온 들을 가득 메우고 있었다. 들녘의 끝자락에는 녹음으로 뒤덮인 낮은 산줄기가 길게 흐르고, 산마루 위에는 뭉게구름이 유유히 떠 있었다. 유년을 보냈던, 시간 저 너머의 시골 모습이 그대로 펼쳐져 있었다. 지하철의 종착역이 바로 시골의 한가운데라니. 과거로, 과거로 끝없이 달려가서 내 유년이 펼쳐지는 시간의 끝자락까지 데려다 주다니.

우리는 식당으로 자리를 옮겼다. 문양역에 처음 와 본 내가 신기해하니까 여기를 잘 안다는 친구는 별 다른 일이 아니라는 투로 이야기해주었다. 요즈음의 지하철은 경로우대증을 가진 노인들이 무임으로 차를 탈 수 있다고 하였다. 집에서 하릴없이 시간을 보내는 것보다는 전동차를 타고 이곳까지 오면서 흐르는 시간을 즐긴다고 하였다. 문양역에 특별한 애착이 있어서가 아니고 여기가 종착역이니까 여기까지 왔다는 것이다. 차가 더 가지를 않으니까 문양역에서 내렸다는 것이다. 그냥 여기까지 와서 아까울 것 없는 시간을 소비하고 있다고 하였다. '그렇구나. 기차가 실어다 주는 대로 여기까지 왔구나.'

이들이 동쪽의 종착역인 사월역에 가지 않는 이유는 사월역은 주변에 도시가 형성되어 있어서 마땅히 쉴 만한 곳이 없기 때문이라고 하였다. 노인들이 많이 모이니까 말 벗도 생기고…, 더러 연애도 한다더라. 친구는 이 말을 하면서 큭큭하고 웃었다. 종착역, 노인, 그리고 인생의 황혼이라는 말들이 연애하고는 도무지 어울리지 않는다 싶어서 웃었을 것이다.

'서쪽의 끝이라고….' 나는 묘한 생각에 사로잡혔다. 서쪽은 해가 지는 곳이니 죽음을 상징한다. 그렇다면 문양역은 인생의 끝자락에 와 있는 사람들과 상통하는 것이 있다는 생각이 들었다.

지하철의 서쪽 끝에서 만난 문양역 앞은 시골 풍광이 펼쳐져 있어서 나를 유년 시절의 고향 들녘으로 데려다 주었다. 유년은 내 인생의 출발점이 아닌가? 지하철이 끝나는 곳에서 내 인생의 출발점을 만나다니, 끝이 바로 시작을 뜻하는 것인지도 모르겠다.

쉼터에서 멍하니 앉아 있는 노인들이 지하철 전동차를 타고 생활의 현장이기도 한 도시를 가로질러 이곳까지 온 이유는 무엇일까. 유년의 추억을 만나러 왔는지도 모르겠다는 생각이 들었다. 인생의 새로운 출발점을 만나러 여기까지 일부러 찾아온 것은 아닐까, 하는 생각이 들었다. 그 출발점이 데려다 주는 곳이 어디인지는 모르지만, 그곳에는 새로운 삶이 분명히 있으리라 믿으면서 문양역을 찾아왔는지도 모르리라는 생각이 들었다.

나도, 문양역에 다시 찾아가 보고 싶다.

이게 아닌데

'아기는 부모의 사랑으로 키워야 합니다.' 이건 나의 신념이었다. 소아과 전문의가 되었을 때는 수련기간 동안 배운 지식에 대해 맹신도가 되어 있었다. 나를 맹신자로 만들어낸 요소들 중에는 은사님이 계셨다. 선생님은 1950년대에 미국에서 육아학을 공부하고 오셨다.

"소아과 의사는 아이의 신체적인 질병을 치유해주는 것이 본업이 아니고, 정신적으로 건강하게 자라도록 도와주는 것이 본분이다."라고 늘상 말씀하셨다.

수련생활을 갓 시작한 나에게 그 말은 신선한 충격으로 다가왔다. 선생님의 육아론 한가운데에는 부모의 사랑이 있었다. 나중에서야 프로이트 이론이 바탕이라는 사실을 알았지만 하여간 내게는 하나의 신념으로 자리를 잡았다.

물론 모유로 키워야 한다는 주장도 빠뜨리지 않으셨다. '젖을 빠는 동안에 아이의 뺨이 엄마의 가슴에 밀착하는 것이야말로 아이에게 정신적인 안정감을 준다. 이것이 바로 어머니의 사랑이다.'는 말이 나에게는 얼마나 멋있게 들렸는지 모른다.

어쩌면 의학이란 사물을 유물론적인 시각으로 바라보는 학문일 것이다. 그런데 그렇게 훈련받은 내가 심리적이고, 정신적인 건강을 강조하는 교수님에게 푹 빠져 있었다. 교수님이 콩을 팥이라고 하여도 곧이 믿을 만큼 존경의 마음은 높아져 있었다.

선생님은 일곱 자녀를 두셨다. 일곱 자녀들이 모두 대학을 나온 후에 미국에 정착하였거나, 미국에서 유학 생활을 하고 있었다. 1970년대에 미국에 유학을 간다는 것은 젊은이들에게는 하나의 이상이었다. 그래서 은사님이 자녀 사랑을 몸소 실천함으로써 일구어 낸 아름다운 열매라고 믿었다.

한번은 이런 말씀도 하셨다. "나에게 아이들 100명을 맡겨주면 도둑이든, 착한 사람이든 원하는 대로 만들어 낼 수 있다." 그러면서 부모의 사랑과 육아가 바로 도둑이든, 착한 사람이든 만들어 낼 수 있는 열쇠라고 하였다. 나는 이 말을 소아과 의사 생활을 하면서 젊은 엄마들에게 수없이 인용하였다. 솔직히 말해서 자녀들을 착한 사람으로, 정신적으로 건강한 성인으로 키워내는 것은 모든 엄마들이 소망할 게다. 내가 그 방법을 알고 있다는 사실이 얼마나 흐뭇하였는지 모른다.

수련 기간이 끝나자 나는 대학병원을 떠났다. 선생님도 곧 이어서 정년퇴임하셨다. 일 년에 한두 번씩 뵈올 때는 여전히 환한 얼굴에 건강한 모습은 예전 그대로였다. 나는 환자를 진료하면서 겪었던 육아에 관한 사례들을 모아서 책을 낸 일이 있었다. 머리말에 '선생님께 바친다.' 라는 말도 하였다. 그 책을 선생님께 드렸더니 내 어깨를 툭툭 치면서 "내가 쓸 책을 자네가 썼구먼." 하면서 칭찬해 주었다.

그런데 여든을 훌쩍 넘긴 선생님과 사모님만이 거처하시는 집을 들를 때면 왠지 썰렁하게 느껴지고, 방안도 옷가지들이 어지럽게 널려 있었다. 도무지 예전의 훈기가 느껴지지 않았다. 그뿐 아니었다. 선생님이 편찮으시다는 연락을 받고 제자들이 찾아간 일이 있었다. 우리에게 연락을 주었던 이웃분이, 막내아들이 서울에서 일 년에 한두 번쯤 들른다고 하였다. 몸이 불편하여 누워계시는 것이 보기 딱하여 아들에게 연락을 하려 했더니 손을 저으면서 제자들을 불러달라고 하셨다는 것이다. 그러면서 무척 미안해 하였다.

선생님을 병원으로 옮기게 하고 '부모의 자식 사랑은 끝이 없나 보다. 행여 서울의 아들이 이곳에 오는 것을 불편해 할까 봐서 일부러 제자들을 불렀다.'는 말을 나누었다.

얼마 전에 선생님께서 돌아가셨다. 연락을 받았을 때도 구십칠 세의 연세로 돌아가셨으므로 이승에 미련은 없으리라 생각하였다. 우리도 슬프다는 기분은 들지 않았다. 며칠째 입원해 있었던 대학병원 중환자실에서 새벽 4시에 조용히 숨을 거두셨다. 옆에서 지켜주는 가족은 아무도 없었다. 사모님은 치매가 심하여 아무것도 모르고 있었고, 간병인만 자리를 지켰다는 말을 들었을 때는 가슴에 바람 한 줄기 지나치면서 허한 느낌을 지울 수 없었다. 평양에서 월남하신 분이니까 친지도 있을 리 없었다.

날이 밝아진 후에 찾아간 제자들은 가족이 보이지 않아서 어쩔 줄 몰랐다. 찾아오는 문상객 앞에서 당황하여 우물쭈물하였다. 유일하게 한국에 살고 있다는 서울의 막내아들과 며느리가 오후 5시쯤에야 도착하였다. 늦게 온 이유는 '바빠서'였다.

선생님은 조용히 우리를 떠나가셨다. 상여가 마지막으로 운구될 때에도 미국에서 산다는 여섯 자녀의 가족은 한 명도 보이지 않았다. 나는 가슴속에서 허망하게 무너져 내리는 내 믿음의 한 끝을 붙잡고 부르짖었다. '선생님, 이건 아니지 않습니까. 저는 선생님의 말씀을 하늘처럼 믿고 얼마나 많은 젊은 엄마들에게 선생님의 '부모의 사랑'을 퍼트렸다구요. 그 말들이 모두 거짓이었습니까?' 아무런 대답도 들려오지 않았다.

"이게 아닌데ㅡ."

내 절규는 메아리의 흔적도 남기지 않고 힘없이 스러져 갔다.

●●●

내가 행복한 시간

잘사는 게 뭐지?

요즘에는 백수답게 낮 시간에도 멍하니 텔레비전을 보고 있다. 의사 선생님이 나와서 건강에 관한 강의를 하는 프로와 자주 만난다. 요즘의 의사 선생님은 입담이 구수하여 이야기가 재미있다.

"선생님, 치료의 목적은 무엇입니까?"

"잘 먹고, 잘 자고, 잘 싸게 하는 것입니다."

명답이 아닌가. 소아과 의사가 하는 일은 "아이가 자라서 어른이 되었을 때 혼자서도 잘살아 가게 하는 것이다."라고 하였다. 아이도, 어른도, 혼자도, 해석에 혼란이 오지 않는 말이다. 그러나 '잘살게'라는 말은 답을 구하기 쉽지 않다.

'어떻게 하는 것이 잘사는 것일까?'라고 하면 다분히 형이상학적인 문제와 부딪친다. 어렵게 표현한 것보다는 '잘 먹고, 잘 자고, 잘 싼다.' 라는 말은 형이하학적으로 대답한 명답이 아닌가.

금년에는 대학 동기회의 총무를 맡았다. 졸업한 지 39년 6개월이 되었다. 회장으로부터 연락이 왔다. 후반기 동기회 운영에 관하여 임원진이 모여서 이야기나 나누잔다. 임원진이래야 겨우 세 명이다. 동기회 운영은 핑계이고 술이나 한잔하자는 속셈이다. 만나기로 한 장소는 막걸리 맛이 소문난 집으로 된장우거지국에 비빔밥이 일품이라고 하였다. 양식집보다 이런 집이 더 좋지. 난 이런 집이 더 좋더라, 전화기를 통하여 그가 전한 말이었다.

회장은 졸업하고 바로 미국으로 가서 전문의가 되었다. 그곳에서 근무하다 귀국하여 모교의 교수로 봉직하고 있다. 그러다 보니 우리들의 이야기는 자연스레 미국 동기들의 근황이 되었다.

미국 동기에 관한 나의 기억은 거의 20년쯤 전에 미국에 정착한 친구 집을 방문했을 때가 전부이다. 마치 동화책의 성곽 같은 집에 살고 있던 모습이 강렬한 기억으로 남아있다. 동기의 부부 60여 명이 모여서 가진 파티장은 지하였는데 카페도 노래방도 당구장도 있었다. 그래도 자리가 남았다. 그날 저녁에 이 자리에 참석하지 못한 미국의 동기로부터 전화를 받았다. 학교에 다닐 때 서로가 외로워서 가까이 지냈던 친구였다. 나는 전화를 받자 대뜸 "우와, 너네들 미국에 와서 성공했더구나. 집이 어마어마하구나."라며 부러워하였다.

그때 전화선을 타고 온 그 친구의 차분한 목소리가 지금도 내 가슴속을 싸아하게 해준다.

"그렇게 보이나. 우리가 이 정도라도 자리를 잡기 위해서 흘린 눈물이 얼마나 많은지는 모를거야."

그가 그때 왜 그런 말을 했는지는 모른다. 그때는 그의 말을 아무런 생각 없이 흘려들었기에 무슨 뜻이 담겼는지 몰랐다. 그냥 부럽기만 하였을 뿐이었다..

나는 회장더러 이렇게 물어 보았다.

"너는 미국에 머물지 않고 왜 한국에 나왔어?"

"난 조금도 후회 안 해. 여기 생활이 얼마나 좋은데. 저녁마다 친구들 만날 수 있지, 눈치를 보면서 부대끼지 않지, 가슴속에 품은 말을 주저 없이 털어낼 수 있지."

"그곳은 안 그래."

"사람 사는 곳이 별 곳이야 있겠냐마는, 우리와 문화가 다르니까 적응하기 어려운 사람도 있어. 어쨌거나 여기가 좋아."

"그래도 무지하게 잘사는 것 같던데."

"그럴 거야. 그래도 여기가 더 좋아. 돈은 많이 못 벌었지만 한번도 후회한 일은 없어. 오늘 저녁처럼 이렇게 친구와 술을 마시면서 이야기를 나누는 것이 행복이 아니냐? 이게 잘사는 게 아니냐?"

맞다. 이게 잘사는 게 맞다. 나도 그렇다는 생각이 들었다.

미국 생활이 외롭다던 그 친구는 지난겨울에 유명을 달리하였다. 도무지 믿기지 않아서 한국에 살고 있는 그의 동생에게 전화를 걸었다. 울먹거리는 목소리로 이렇게 말하였다.

"형님도 알다시피 형은 목 디스크와 우울증으로 약을 복용하고 있었잖습니까? 아마도 약을 과용하신 것 같습니다."

우울증이라면…. 나는 순간 가슴이 멍해 왔다. 학교를 다닐 때 미국에 가서 전문의가 되는 것이 그의 꿈이었다. 그는 우리 동기들 중에 제일 먼저 미국으로 갔다. 오늘 저녁에도 우리는 그 친구의 이야기를 나누었다. 회장이 뉴욕에 들렀을 때 그의 집에 초청을 받았단다. 어마어마한 집의 아래층에 노래방이 있어서 노래를 하였단다. 그 친구는 한국 노래를 너무 많이 알고 있더라고 하였다. 한국의 노래를.

그가 한국에 나왔을 때 식사를 함께한 일이 있었다. 아들은 그리도 어렵다는 의과대학을 나와서 미국 의사가 되었고, 며느리는 독일계 2세로서 역시 의사라고 하였다. 딸은 뉴욕에서 변호사라고 하였다. 나는 또 그 친구가 부러웠다. 자식들의 장래를 위해서 자신의 생활은 접어버리고 사는 사람도 많다던데, 자식들의 교육도 잘 시켰고, 돈도 벌었고, 도무지 부족한 점이 없어 보였다.

그런데, "우울증 때문에…."라며 울먹거리던 동생의 목소리는 나를 깊은 혼란 속으로 빠뜨렸다. 잘사는 게 뭔데, 라는 풀 수 없는 화두를 나에게 남겨 주었다.

바깥에는 장맛비가 주룩거리고 있었다. 마음씨 좋은 식당 사장은 괜찮다는 우리에게 억지로 우산을 내어 주었다. 나는 우산을 들고 회장과 어깨를 나란히 하여 빗속으로 걸어 나왔다.

"우리 한 잔 더 하자. 오랜만에 만났으니 실컷 이야기나 나누자."

"그럼. 이게 잘사는 거야. 한 잔 더 하자."

우리는 비틀거리면서 풀 하우스에 들렀다. 아마도 생맥주를 마시면서 횡설수설하였을 것이다. 삶이 뭐냐, 잘사는 게 뭐냐 하면서, 논리에 맞지도 않는 말을 제멋에 겨워서 쏟아 내었을 것이다. 잘사는 것이 무엇인지를 쥐뿔도 모르면서 마치 내가 잘살고 있는 듯이 호기를 부렸을 것이다.

이튿날 나는 속이 쓰려서 종일토록 방에 누워 있었다.

내가 행복한 시간

국민학교(초등학교)에 다닐 때 방학이면 으레 일기쓰기가 숙제였다. 며칠간은 일기상을 꼬박꼬박 메워나갔지만, 일주일도 넘기지 못하고 게으름을 피웠다. 하루의 일과가 어제나 오늘이나 다를 게 없다 보니 마땅하게 쓸 거리도 없었다. 같은 일을 반복하여 쓰는 일은 어린 생각에도 잘못 쓰는 일기라는 생각이었다.

매일 생활이 쳇바퀴 돌듯이 하면 지루하다고 말한다. 그런데도 방학은 쏜살같이 빠르게 지나가 버렸다. 개학날이 코앞에 다가와서야 숙제를 챙기느라 바빠 죽는 시늉을 하였다. 그중에도 거의 한 달 가까이 미뤄 둔 일기를 하루 저녁에 써내는 일이 제일 힘이 들었다.

시골 생활이란 하루하루 일과가 거의 비슷했다. 아침을 먹기 바쁘게 사립문 밖으로 뛰어 나간다. 골목 어귀나 마을 빈터에는 친구들이 모여 있었다. 떼 지어서 뒷산에 오르기도 하였고, 개울로 몰려가서 풍덩거리며 물놀이로 시간을 보냈다. 나무 그늘에 모여 앉아서 조잘거렸던 이야기들은 의미도 내용도 없었다. 일기에 쓸 수 있도록 기억에 남아 있을 리가 없다. 일기장 앞에 앉아서 온갖 기억들을 쥐어짜 보지만 한 달 동안이나 모아 둔 내 행적이 겨우 손가락을 꼽을 수 있을 정도뿐이라는 사실만 알게 된다. 모처럼 기차를 타고 누나의 집에 갔다 왔던 일이나, 마을 사람과 어울려서 해수욕을 갔던 일, 그리고 심부름을 하기 싫어서 뺑뺑이를 치다가 혼이 났던 일 등, 기억으로 보관되어 있는 것은 겨우 몇 개에 지나지 않았다.

학교를 다닐 때면 등하굣길에서 보았던 일들을 기억 속에 챙겨두기도 하였지만 집 주위만 맴돌아야 하는 방학이니까 그런 일도 없었다. 일기장은 내 삶을 있는 그대로 보여주는 것인데, 억지로 하루를 메우려고 하니 너무 힘이 들었다.

요즘의 내 생활도 방학 때처럼 단조롭기 그지없다. 만약에 일기를 적는다면 아침에 늦게 일어나서 아침을 먹었다는 것과, 오늘도 빈둥거리면서 시간을 보내니 배가 고프지 않아서 점심을 걸렀다는 것일게다. 그 다음에는 무엇을 적어야 할까. 그렇지, 인터넷을 열고 카페들을 뒤적거리면서 돌아다니다가, 댓글도 하나 남겼다고 쓸까. 그리고 책도 보았다고 쓰자. 솔직히 말해서 요즘은 예전만큼 책을 읽지 않는다. 안경을 쓰고 책을 보면 금방 눈이 피로해서 책을 덮어 버린다. 그러니까 예전처럼 책을 많이 읽는 것도 아니다. 만약에 지금도 숙제로 일기를 써 오라고 하면 일기장 앞에 앉아서 끙끙거릴 것이 뻔하다는 생각이다.

며칠 전에는 일기장을 메울 만큼 쓸 거리가 많은 하루였지만 유쾌한 경험은 아니었다. 눈을 뜨면 아내는 건강보험공단에서 나온 건강검진 재촉서를 들고 병원에 다녀오라고 안달이다. 그럴 때마다 그렇게 하겠다고 약속을 하고, 그냥 하루를 흘려 보내 버린다. 은근히 겁이 나서 차일피일 미루었다. 며칠째 아내의 말을 되풀이하여 듣다 보니 짜증이 나서 "또 그 소리냐."며 퉁명스럽게 쏘아붙인다. 아내는 눈 하나 깜짝 않고 여전히 잔소리를 하였다. 도저히 미룰 수가 없을 것 같았다.

가슴을 찍은 사진을 보여 주면서, 의사 선생님은 "별다른 이상은 없습니다만, 그래도 이 부위가…, 정상이기는 하지만…. 이왕이면 CT 촬영을 해보시지요." 하였다. 가슴이 철렁하였다. 얼마 전에 큰아들의 바깥사돈 분이 폐암이라는 진단을 받았다. 몇 개월 전에 가슴 사진을 찍었을 때는 아무런 이상이 없다고 하였는데, 정밀 촬영에서는 많이 진행한 상태더라는 말이 떠올라서 가슴이 철렁하였던 것이다. 정밀 촬영을 권할 정도라면 뭔가 내게 이상이 있는데도 나를 안심시키려 부드럽게 말한 것일까. 나도 사진을 유심히 보았지만 특별한 소견은 보이지 않았다. 그래도 기분이 어두웠다.

솔직히 말하지만 CT를 찍은 사진의 결과가 나올 때까지는 불안한 마음으로 조마조마하였다. "괜찮네요. 그래도 확실히 하는 것이 좋지 않습니까?" "그럼요." 나는 의사의 말을 듣자 날아갈 듯한 기분이 되었다. 까짓거 이런 결과라면 열 번이라도 찍지 뭐, 하는 기분이었다.

오늘은 일기를 쓴다면 쓸 거리가 무척 많은 날이다. 아내의 잔소리부터, 불안했던 마음을 짜증으로 감추려 하였던 속셈까지. 그리고 CT

촬영을 하자는 말을 들었을 때의 암담했던 마음과 머릿속을 빠르게 지나가는 숱한 연상들을 일기장에 적는다면, 오늘처럼 쓸 거리가 없어서 고민하는 일은 없을 것이다.

그러고 보니 내가 살아오면서 오래도록 기억으로 저장하였거나, 일기에 기록하여 보관하려는 것은 즐겁지 않는 일들이 훨씬 더 많다. 역사에 기록으로 담아 놓지 않는 "시간은 인류가 행복했던 시간입니다." 어느 역사학자가 한 말이 떠오른다.

일기에 적을 거리가 없어서 고민하였던 날은 내가 행복하였던 날이다. 나의 요즘의 나날들처럼

귀신이 나오는 방

아내가 내 방에 들어올 때 곧잘 하는 말이 '귀신이 나오겠다.'이다. 방바닥에는 펼쳐진 책들이 여기저기에 널려 있다. 방에 들어오려면 디딜 틈을 만들려고 발로 책을 옆으로 밀쳐내기도 한다.

나는 글을 쓰거나, 필요한 자료를 찾을 때는 서가에서 책을 꺼내어 펼친 채로 둔다. 글쓰기가 끝나지 않으면 펼쳐 둔 책을 다시 서가에 꽂을 수가 없으므로 방바닥에 그냥 깔아둔다. 여러 권이 될 때는 서로 겹쳐져서 틈새조차 생기지 않는다. 자료가 모자라서 글을 완성하지 못하면 펼쳐 둔 책은 여러 달 동안이나 내버려져서 주인이 글을 끝내기만을 기다린다.

퇴근하고 집에 오면 방바닥에 흩어져 있는 책들은 모두 서가에 가지런히 꽂혀있고, 방도 깨끗하게 청소되어 있는 때도 있다. 그럴 때마다 고마워하기는커녕 '왜 나에게 허락을 구하지도 않고 함부로 책을 치워버렸느냐.'며 신경질을 부린다. 아내는 그런 나의 태도를 도저히 이해하지 못하겠다면서 뾰로통해진다. 방 청소를 하면 기분이 날아갈 듯이 좋아지지 않느냐는 아내와 부부싸움을 한 것도 한두 번이 아니다.

나의 서가에 꽂힌 책은 가지런하기보다는 조금 무질서해 보인다. 그렇지만 나는 필요한 경우에는 거의 실수 없이 원하는 책을 찾아낸다. 예전에는 페이지까지도 정확하게 펼쳤지만 요즘은 그러지 못하여 실망이 크다. 방바닥에 무질서하게 널려 있어도 나는 전혀 혼란스럽게 느끼지 않는다. 조금도 주저없이 원하는 책을 찾아낸다. 그러나 아내의 말마따나 기분이 산뜻해지도록 가지런하게 꽂아 놓으면 오히려 책을 빨리 찾지 못한다. 아내는 정리정돈이라고 하지만 나의 굳어져 있는 질서 감각은 오히려 반사적으로 둔해진다. 이방 저방에 흩어져 있는 서가를 오랫동안 돌아다니다 보면 짜증이 난다. 책을 찾는 시간이 점차 길어지다 보면 심기가 불편해지고, 마침내 감정이 터져버린다. "왜 내 허락도 없이 책에 손을 대느냐."라고 버럭 고함을 지르면 아내는 아내대로 화가 나서 '감사해도 모자랄 판에 고함질'이라면서 대든다.

아내의 변은 이렇다. '방이 지저분하면 집에 오는 손님들은 당신을 게으르다고 나무라는 것이 아니고, 가정주부인 내가 욕을 먹기 때문에 그냥 내버려 둘 수 없다.'는 것이다. 그렇게 다투기를 오랫동안 하였다. 아내의 어투에는 내가 게으름을 감추려고 말도 안 되는 이유를 댄다는 불신이 깔려 있음을 느낄 수 있다. 나는 나대로 나와 가장 가까운 사람이면서도 나를 이해하지 못한대서야 말이 되느냐는 심사였다.

중년을 넘어서자 내 방에 대한 아내의 관심이 많이 줄어들었다. 나에 대한 신뢰감이 새롭게 생겨났는지, 아니면 아내도 나를 닮아서 '깔끔'을 떨던 성격이 무디어졌는지는 모를 일이다. 나이가 들수록 내 방을 찾아오는 일도 뜸해졌다. 그래도 방문 앞에 서서 '귀신이 나오겠다.'는 말은 여전히 한다. 손님이 들르더라도 아내 말처럼 내 방을 기웃거리는 사람도 없다. 신접살림에 가지는 호기심 따위는 이제는 없어진 모양이다.

생업에서 물러난 후로는 집에서 머무는 시간이 더 많아졌다. 그만큼 내 방에서 보내는 시간이 길어졌고, 방바닥은 팔자 좋게 팔다리를 활짝 벌린 채 누워있는 책 때문에 더 어수선하다. 그뿐 아니라 최근에는 컴퓨터도 놓여 있고, 음향기기도 놓여 있다. 그림을 스캔하는 기계도 들여놓았다. 서가에 꽂힌 책도 훨씬 더 불어났다. 책을 정리하면서 자주 찾지 않는 책은 다른 방에 있는 서가로 옮겼다. 그런 만큼 책을 찾으려 이방 저방을 더 자주 돌아다닌다. 아내는 이제 책에 대하여 아예 입을 열지 않는다. 방에 나오는 귀신에 대해서 관심이 많이 멀어진 것 같다.

그런데 요즘은 내가 방을 들어서면서 정말 귀신이 나올 것 같다는 생각을 한다. 컴퓨터 작업이라도 하는 날이면 영상이 요란하게 바뀌고, 금속성 기계음도 소리를 내질러 정신이 혼란스럽다. 그래도 나는 방을 정리하지 못한다. 이미 내 몸에 배어 있는 감각은 혼란 속에서도 거의 반사적으로 질서를 찾아가게끔 숙련되어 있기 때문이다. 혼란이 내게는 오히려 질서가 되었다.

살아온 날들을 되돌아보면 남들의 눈에 나의 모습은 얼마나 불안정하고, 무질서하게 보였을까. 나 또한 남의 삶을 보면서 세상을 비틀거리듯이 걸어가는 듯하여 얼마나 못마땅하였을까. 그렇더라도 비틀거림이 그들에게는 삶의 질서였으리라.

이제는 아내도 내 방에서 귀신이 나오는지 관심이 없다. 그러나 내 방을 들여다볼 때의 표정에서 나의 삶의 태도에 공감하는 것은 아님을 느낀다. 세상을 살면서 남편이라도 억지로 자신의 방식으로 강요할 수 없음을 알고 체념하였다고 할까. 아니 깨달았다고 해두자. 마찬가지로 나 또한 남이 사는 모습이 못마땅하더라도 모른 척하고 살아간다.

어쨌거나 우리 부부는 노후를 보내면서 예전보다는 부부싸움도 훨씬 뜸해졌다.

시험 꿈

꿈을 꾸다 눈을 떴다. 바깥은 아직 짙은 어둠에 묻혀서 조용하다. 요즘은 나이 탓인지 새벽 녘이면 잠이 옅어지고 자주 깬다. 그렇더라도 꿈을 꾸는 일은 거의 없었다.

꿈이 너무 생생하였다. 시험을 앞두고 노트를 펼쳐서 공부를 하는 꿈이었다. 노트에는 시험의 답이 적혀 있었지만 도무지 읽히지 않았다. 이러다가 낙제를 하는 것은 아닌지 초조하였던 마음이 생생하게 기억되었다. 추석 때 며느리가 아들의 꿈 이야기를 하였다. "아버님, 시험을 치르는 꿈을 자주 꾼대요."라고 하였을 때 "그 녀석이나 나나, 대학을 다닐 때 시험을 정말 많이 치렀어."라고 말하였다. 그 때문에 오늘 시험을 보는 꿈을 꾸었을까.

며칠 전에 프로이트-라캉 교실에 공부하러 가서 윤 선생에게 아들의 꿈 이야기를 하였다. 월급의사를 하고 있는 아들이 얼마 전에 개원 여부를 두고 걱정을 하였다. 이미 개원을 하고 있는 교실 선배가 같이 일을 하자면서 투자를 권유하더라고 하였다. 결정하기가 쉽지 않다는 말을 하였다. 아마도 그 일 때문에 시험 꿈을 꾸었을지도 모르겠다고 하였다.

내가 대학을 다녔을 때는 학년을 4학기로 나눈 쿼터제였다. 거의 두 달마다 학기의 시험을 보았다. 시험 과목은 스무 과목이 넘었다. 임상 과목을 공부할 때는 서른 과목이 넘기도 하였다. 시험 성적이 나쁘게 나오면 재시험을 보게 해주는 것이 그나마 다행이었다. 과목이 많아서 시험 기간 동안에 전 과목의 시험 공부를 할 수 없을 때는 아예 재시험 치를 셈을 하고 몇 과목은 공부하지 않았다. 어떤 때는 교수님이 인심을 쓰듯이 삼시도 보게 하였다. 그러다 보면 우리의 대학 생활이란 일 년 내내 시험에 묻혀서 살았다.

학점을 놓치면 다음 학기에 재수강할 기회를 주는 학사 제도가 아니었다. 낙제와 진급이라는 두 길밖에 없었다. 타 대학과는 제도가 다르므로 '까짓거, 다음 학기에 수강 한 번 더 하지.'라는 선택의 여지가 없었다. 시험은 곧 시간과 자유의지마저 탈취해 가는 거대한 폭력을 휘둘렀다. 1960년대에 대학을 다니는 것은 부모에게 엄청난 경제적 부담을 안겨 주었다. 더욱이 나는 시골에서 홀어머니가 학비를 보내주었으므로 낙제를 하여 한 해를 더 다니는 일은 감히 상상도 못할 일이었다. 납덩이처럼 누르는 시험의 무게 밑에는 언제나 학비를 걱정하는 어머니가 있었다.

그런데 오늘 밤에는 내가 시험 꿈을 꾸었다. 어둠 속에 멍하니 앉아서 아무리 생각해도 내가 왜 시험 꿈을 꾸었는지 전혀 꼬투리가 잡히지 않았다. 아들의 꿈 이야기 때문이었을까?. 그럴지도 모른다. 그 일이 노트에 적힌 글자조차 읽지 못할 만큼 힘드는 일이었을까? 아무래도 아닌 듯하였다. 꿈을 해석하는 일이 결코 쉽지 않다는 것을 알고 있지만, 도무지 답을 찾을 수가 없었다. 나를 불안하게 하는 일이 무엇인지를 알 수가 없었다.

의료업에서 은퇴하고, 자칭 백수를 칭하면서 보낸 지 거의 3년이 되었다. 그 사이에 책도 몇 권을 출간하였다. 수필 문예대학을 운영하면서 나름대로 만족하고 있다. 굳이 따진다면 문예대학을 운영하면서 인간관계에서 자존심을 건드리는 일을 경험하고 더러 상처를 받기는 하였다. 그것 때문일까. 그것이 이유라고 하려니 내 양심이 용서하지 않는다.

오늘은 책의 출간을 앞두고 마지막 교정을 보았다. 며칠이 지나면 책이 출간될 것이다. 팔릴까? 그 일로 불안해 할까. 설마 그럴 리야 있을라고, 싶었다. “병적 증상이 되려면 반복해서 나타나야 합니다.” 라던 임 교수의 말을 떠올렸다. 그렇다면 한 번의 꿈은 그냥 개꿈이다. ‘그래 개꿈을 꾸고 해몽을 하려니 답이 없지.’라며 애써 의미를 뭉개버리고, 마음을 다독거렸다.

그렇다 하더라도 꿈은 내가 어둠 속에 앉아서 상상의 나라로 날아다니게 하였고, 회상의 세계를 불러오게 하였다. 지난날에 시험은 내가 숨도 못 쉬도록 폭력을 휘둘렀지만 감히 저항을 못하고, 무기력하게 순종만 하였다. 불안해 하고, 두려워하면서도 거부하려는 자유의지는 조금도 없었다. 그래서 의사가 되었고, 오늘의 내가 되었다. 그렇지만 수십 년이 지난 지금에도 악몽이 되어서 수시로 출몰하고 있다. 시험은 나의 정신을 병들게 하였음이 틀림없다.

시험은 잘 짜여진 욕망의 그물에 나를 갇히게 하는 몰이꾼인지도 모른다. 몰이꾼은 나의 바깥에서 강제로 나를 몰고 간 타인이 아니었다. 나를 그물로 몰아갔고, 그 그물에서 벗어날 엄두도 못 내게 한 것은 바로 나 자신이었다. 아직도 명예를 좇아다니고, 부를 좇고, 아직도 남들보다 우월해지고 싶어 하는 욕망이 시험이 되어서 나를 그물에 갇히도록 하는 폭력을 휘두르고 있다. 이 때문에 시험 꿈을 꾸었을까. 그럴지도 모른다는 생각이 들었다.

아침 산책 때 아내에게 "색즉시공, 공즉시색이란 말이 반야심경에 나오지?"라며 말을 건넸다. "맞는데, 왜?"라며 의아하다는 표정을 지었다. 시험에 벗어나고 싶어서라고 한다면 무슨 말을 하는지 알아들을까.

눈물이 왜 날까?

점심 식사를 끝내고 무료해 하고 있을 때 전화가 왔다.

"당신 시간 있어? 오늘 이선희 콘서트를 한대. 우리 구경 가자."

"언제?"

"지금 당장 나와야 해. 낮 공연은 3시부터래."

아내의 목소리는 조금 들떠 있었다. 음악 이야기를 하면 내 태도는 늘상 시큰둥하였다. 노래는 못 불러도 듣기는 좋아한다는 등의 체면치레의 말도 거의 하지 않는다. "글쎄, 꼭 가야 해?" 달갑잖아 하는 내 말투에 "그럼, 표를 선물한 사람에게 실례가 되잖아."라며 사뭇 안달이었다. 아내는 선물이라고 하였지만 사실은 눈치껏 얻었을 것이다. 지난번에도 그랬기 때문이다.

지금 당장 준비하여 나오라는 말을 남기고 전화를 끊었다. 나는 별로 내키지 않았지만 옷을 갈아입고 집을 나섰다. 이것이 이선희의 콘서트장을 찾아간 앞뒤의 내막이다. 대중 음악계에서는 이름을 드날리고 있는 이미자 콘서트에도 가 보았다. 나훈아의 쇼도 구경하였다. 열광하는 청중들에 휩싸여 나도 기계처럼 박수를 쳤지만 가슴을 울리는 감흥을 느낀 것은 아니었다. 내가 알고 있는 노래를 부르면서 반가워서 더 크게 박수를 쳐 주었다. 그러나 내가 음악의 바깥에 머물고 있다는 느낌은 지워지지 않았다.

이선희는 온몸으로, 정말 열심히 노래를 부르고 있었다. 콘서트 장을 팽팽하게 부풀어 오르게 하는 엄청난 성량과 열정이 뿜어 나오는 몸짓에 나도 모르게 빠져 들었다. 앉아 있던 사람들도 모두 일어서서 박수를 치면서 함성을 질렀다. 그때 갑자기 가슴이 찡해지면서 울컥 눈물이 나오려 하였다. 콘서트가 끝났을 때는 그랬던 내가 야릇하게 느껴졌다.

나는 화장실에 간 아내를 복도에서 기다리고 있었다. 내 앞을 중년의 두 여인이 지나가면서 "얘야, 눈물이 날라 카드라."라는 말을 하였다. 뒷말은 더 이상 들리지 않았지만 '눈물이 날라 카드라.'라는 말은 여운이 되어서 내게 오래 머물렀다. '나만이 아니었구나.'라는 생각에 사로잡혀 있으면서, '눈물이 왜 날까?'라는 물음이 떠나지 않았다.

얼마 전 〈1박2일〉이라는 텔레비전의 프로를 보고 있었다. 출연자에는 가수들이 여럿 있었다. 마침 그때 '가요차트'의 순위를 발표하고 있었다. 그들도 텔레비전 앞에서 노래의 인기 순위를 지켜보고 있었다. 그러자 〈1박2일〉의 출연자들이 '우와' 하며 함성을 지르면서 MC

몽의 어깨를 두드려주기도 하고, 얼싸안기도 하면서 축하해 주었다. MC몽이 처음으로 가요 차트에서 1위를 하였다고 하였다. 그는 슬며시 일어서더니 복도의 모퉁이를 돌아가서 벽에 등을 붙인 채 쭈그리고 앉았다. 두 손으로 얼굴을 감싸더니 훌쩍거렸다. 그때도 나는 가슴이 찡해오면서 왈칵 눈물이 나려고 하였다.

왜 그랬을까? 나는 가요앨범에서 1위를 한 노래가 어떤 노래인지도 모른다. 아마도 MC몽에게 이날이 있기까지, 긴 날들이 주마등처럼 지나갔을 것이다. 단지 고생 때문만은 아닐 것이다. 좌절도 있었을 것이고, 포기하고픈 일도 수없이 있었을 것이다. 무명시절의 설움을 용하게도 견디어 낸 자신이 대견스러워서 눈물이 났을지도 모른다.

그렇다면 나는 왜 눈물이 나는 것일까? 나는 〈와이키키 브라더스〉라는 영화를 보면서도 가슴 저 깊은 곳에서 울컥하고 감정이 솟구치는 것을 경험하였다. 고등학교를 다닐 때부터 음악에 빠져서 친구들이 4인조 밴드를 결성하고 '와이키키 브라더스'라고 이름 지었다. 4인조 밴드는 생활에 쫓기어 친구가 하나씩 하나씩 떠나면서, 3인조로, 2인조로 추락의 길을 걸었다. 결국은 IMF라는 파고에 휩싸이어 혼자만 남아 고향의 초라한 호텔에서 술손님의 흥취나 돋우는 신세로 전락한다.

사업을 하다가 부도내고 고향으로 도망 온 친구를 만나서 포장마차에서 소줏잔을 들면서 나누던 대화도 가슴속에 감정이 회오리치면서 나를 아프게 하였다. "그래도 너는 네가 좋아하는 음악을 하고 있잖아."라고 하였을 때이다.

내게 눈물이 흐르게 한 그들은 삶에서 성공을 맛본 사람도 있고, 실패의 늪에서 허우적거린 사람도 있었다. 그러나 하나의 공통점을 가졌다. 자기가 좋아하는 것을 열심히 하면서 살았다는 것이다.

그렇다면 나는? 고등학교를 다닐 때의 내 꿈은 소설가였다. 그러나 나는 그 꿈을 아주 쉽게 접어버렸다. 솔직히 말해서 삶이라는 것이 무엇인지도 모를 나이에 이미 현실의 생활을 계산하면서 진로를 바꾸어 버렸다. 그리고는 바뀐 길을 뚜벅뚜벅 걸어서 여기까지 왔다. 삶이 비록 나를 만족하게 하였더라도 그 꿈은 미련이 되어서 아직도 남아 있나 보다.

솔직히 말하자면 지금도 나는 소설 한 편만 써 보았으면 하는 염원을 가지고 있다. '딱 한 편만ㅡ.' 이것이 나의 꿈이고, 위로이다. 이삼 년 전에 내 생애에서 처음으로 소설이란 걸 한 편 써 보았다. 그렇지만 마음에 들지 않아서 발표할 계획을 일찍부터 접어 버렸다. 그렇더라도 가시나무새처럼 딱 한 번만 울고 싶다는 미련을 버리지 못하고 있다. 이 미련이 치열하게 살고 있는 그들을 보면 눈물을 머금게 하는 것인지 모르겠다.

이선희가 온몸을 바쳐서 부르는 노래에는 그의 영혼이 실려 있었다. 열광하고 있는 저 사람들의 가슴속에도 숨어 있는 미련으로 솟구치는 눈물을 함성 속에 숨기고 있는지도 모를 일이다.

바람의 흔적

범어동산의 오솔길 가에 늘어서 있는 떡갈나무의 잎이 나지막하게 소리를 내면서 작은 몸짓으로 흔들거렸다. 지난밤에 구름이 몰려오더니 바람도 구름 따라 내 곁으로 다가와 소곤소곤 속삭였다. 잎들이 나래 짓을 하면서 낮은 목소리로 속살거리지 않는다면 바람이 내 곁을 스쳐 가는지를 알 길이 없다. 바람이 숨을 죽이고 엎드려만 있으면 시각에서 벗어나 있는 바람은 나에게 아무런 의미도 주지 못한다. 나에게는 존재하지 않는 존재일 뿐이다. 바람은 스스로를 드러내지 않지만 떡갈나무 잎에 흔적을 남긴다. 나는 그 흔적으로 '오늘은 바람이 세차구나, 오늘은 바람이 조용하구나.'라며 바람의 기분까지 알아낸다.

가까운 분의 결혼식에 참석하는 일을 두고 명분을 주장하는 나와,

실리론을 펼치는 아내가 티격태격 다투었다. 서로의 주장을 굽히지 않다 보니 아내는 몇 번이고 같은 말을 되풀이하였다. 나는 버럭 고함을 지르면서 화를 냈다. 아내는 이내 토라지면서 소리 지르는 그 버릇은 나이가 들어도 바뀌지 않았다면서 종알거렸다.

그러고 보니 나는 같은 말을 되뇌이면 짜증스러워 한다. 나쁜 버릇이지만, 이것이 나의 참모습이기도 하다. 화를 내면 아내는 나쁜 버릇이면 고쳐야 한다는 것이고, 나쁜 버릇이 있는 줄을 뻔히 알면서도 건드리는 것은 더 나쁘다는 주장을 굽히지 않았다. 아내가 대꾸를 하지 않으므로 말다툼은 싱겁게 끝이 났다.

나도 입을 다물고 스스로를 되돌아본다. 이때는 선량하고, 항상 옳기만 한 나의 모습만 보인다. 선한 나의 맞은편에는 당연히 아내가 자리 잡고 있다. 내가 몹시 아파서 불안해 할 때 곁에서 지켜보면서 위로를 주었던 아내는 아주 착하게 보였는데도 말이다.

아침마다 거울 앞에 서서 세면을 한다. 거울에 비친 얼굴에 세월의 자취는 뚜렷이 보이는데 내가 누구인지는 도무지 알 수가 없다. 살아왔던 날들에 바람이 지나듯이 여기저기에 흔적이 남아 있지만 바람인 양 나의 모습은 보이지 않고 흔적만 보인다.

최근에는 흔적 하나가 유난히 나를 아프게 하였다. 문학 모임에 한 사람을 회원으로 추천하였다. 글을 잘 쓴다는 내 판단이 무조건 옳다고 믿는 것이 내 모습이다. 작품 심사에서 글이 모자란다고 퇴짜를 놓았을 때도 나는 선하고, 옳은 편에 서 있었고, 심사위원은 나의 맞은편에 서 있었다. 심사위원이 누구길래 이따위로 심사를 하였나 싶었다. 화가 난 원인을 따져보면 탈락한 그 사람을 위해서라기보다는 내가 추천한 사람이 탈락하였으므로 내 자존심이 구겨졌다는 이기심 때문이다. 그런데도 나는 심사위원을 비난하면서 화를 낸 나를 변명하였다. 그때도 나는 절대로 옳은 사람이고, 나의 반대편에는 아내를 두듯이 심사위원을 두었다. 심사위원도 나의 비난에 당연히 기분이 상했을 것이다. 나는 그들에게 좋지 않은 나의 모습을 보여주었다. 내가 지나치게 행동하였다는 자성에 젖어 보지만 이내 그들이 나쁘다면서 심한 감정의 충돌을 겪는다.

내 감정이 호수처럼 잔잔할 때는 더러 다른 사람에게 화를 내지 말자고 다짐을 한다. 더군다나 요즘에 와서는 세상 풍파를 겪을 만큼 겪은 나이인데 마음을 다스릴 수 있는 사람으로 거듭 태어나자고 나를 다그치기도 한다. 아내의 말마따나 살아오면서 버릇이 되어버린 나쁜 모습은 타인에게 흔적을 남기기 때문이다. 그러나 이런 생각도 한다. 사람과 부대끼면서 바람처럼 흔적을 남기는 것이 나의 참모습이다. 흔적 하나 남기지 않고 살아간다면 존재하지 않는 존재가 되어버릴 것이 아닌가. 까짓거, 사는 일이란 내가 남에게, 남이 나에게 흔적을 남기는 일이라고 자위해 본다.

내가 나의 모습을 볼 수 없듯이 나는 다른 사람의 모습을 보는데도 익숙하지 못하다. 겉모습만 보고 곧잘 믿어버린다. 선량한 얼굴을 하고, 내게 고분고분하게 대해주면 좋은 사람이라고 평가해 버린다. 사람의 참모습은 바람 같아서 절대로 보이지 않는다는 사실을 잊어버린다. 나뭇잎이 흔들릴 때만이 바람을 느끼듯이 흔적을 남길 때만이 모습을 볼 수 있다는 사실을 잊어버린다. 내게 흔적을 남기고 나서야 실망했던 일이 한두 번이 아니었다.

우리 아파트의 뒷산에는 오솔길이 있다. 그 길은 아침마다 내가 산책하는 길이다. 바람이 없는 날은 숲이 정적 속으로 가라앉아 버린다. 소소히 부는 바람이 잎들을 흔드는 날에는 살랑대는 소리가 기분을 좋게 한다. 이렇게 평화롭던 숲에도 지난여름에는 바람이 얼마나 호되게 불었는지 가지는 찢겨지고, 뿌리가 얕은 아까시나무는 바람의 심술을 이기지 못하여 쓰러지기도 하였다. 절기가 바뀐 지금까지도 산책로를 가로막고 누워있는 모습이 흉물스럽다. 그러나 뿌리가 깊은 참나무는 바람이 언제 불었느냐는 듯이 꼿꼿하기만 하다.

누워있는 나무를 보니 숨죽이고 있는 바람이라도 그 안에는 무서운 얼굴이 숨어 있는 것 같다. 사람과 사람도 서로 바람이 되어서 부드럽게 어루만져 주면 기분이 좋아진다. 그러나 뿌리를 드러내고 있는 아까시나무마냥 뿌리가 얕은 내가 쓰러지도록 흔들어대기도 한다. 숨죽이고 있던 바람이 갑자기 불어올 때는 더 큰 흔적을 우리에게 남긴다. 내가 남에게. 그리고 남이 나에게.

왕가위의 〈손〉

내가 결혼하기 전에 딱 두 번 사랑의 감정을 담은 편지를 여자에게 보냈다. 한 번은 결혼을 앞둔 아내에게였고, 다른 한 번은 고등학교 일학년 때 쓴 연애편지이다. '문학의 밤'이라면서 시 낭송을 하는 행사가 있었다. 나는 우리 학교 대표로 나갔다.

촉광이 흐린 전깃불 아래에 백옥같이 흰 피부를 가진 여학생이 시를 낭송하였다. 낭송한 시의 내용은 하나도 기억에 남아 있지 않지만 얼굴을 바라보고 두근거리면서 느꼈던 황홀감은 잊히지 않는다. 그 때부터 나는 마음의 병을 앓았다. 가까운 친구에게 내 마음을 하소연하였을 때 "그 애의 어디가 이뻐?"라며 의아해 하던 모습도 떠오른다. 도저히 견딜 수가 없어서 우리 마을에 있는 한 학년 위의 누나를 찾아갔다. '그래, 그럼 편지 하나 써 와. 내가 전해 줄게.' 대수롭지 않다는 듯이 아주 가볍게 말하였다. 밤새도록 끙끙거리면서 편지를 썼다. 아마도 열 번은 더 찢고, 쓰고 하였을 것이다. 그 누나에게 건네주었지만 답장은 오지 않았다.

지금도 곧잘 그때의 일을 농담처럼 말한다. 50년이 가까워 오는데도 아직 답장이 없다고. 그렇다. 따지고 보면 50년이 가까워 오지만 그때의 일이 기억의 자락에서 떠나지 않고 있다.

당시에 수많은 여자애들이 있었는데도 나는 왜 유독 그 애에게 마음을 빼앗기고, 가슴 설레면서 편지를 썼을까. 편지의 내용이 무엇이었는지 생각나지 않지만 한 여자애를 선택하여 편지를 쓰게 한 힘은 어디에서 생겨난 것일까. 지금도 분명히 기억하고 있는 것은 유난히 흰 피부를 가졌고, 처음 보는 순간에 내 마음이 푹 빠져버렸다는 것이다.

프로이트–라캉을 공부하는 모임에서 왕가위가 감독하고, 공리가 주연을 한 영화 〈손〉을 보았다. 고급 창녀인 공리가 자신의 옷을 단골로 주문하는 의상실이 있었다. 사장이 몸이 불편하여 견습공인 재단사가 옷을 주문받아서 방문하였다. 수줍어서 어쩔 줄 모르고 서 있는 견습 재단사에게 숫총각인가를 묻는다. 여자의 몸을 모르고 어떻게 여자의 옷을 만들 수 있느냐면서, 바지를 내리라고 하였다. 숫총각인 재단사는 부끄러워서 어쩔 줄 몰라 하지만 바지를 내리지 않을 수 없었다. 고급 창녀인 여주인공은 손으로 재단사의 사타구니에 손을 넣어서 더듬었다.

이때부터 영화는 미묘하게 변화를 거듭하는 재단사의 얼굴을 클로즈업하여 비춰주었다. 울듯이, 찡그리듯이 온갖 표정들이 교차하였다. 몸을 비틀기도 하고, 얼굴이 일그러지기도 한다. 잠시 얼굴이 환희로 피어나다 다시 일그러지고, 황홀한 모습을 짓기도 한다. 공리는 말한다. "앞으로는 내 옷을 만들 때 이때의 기분을 떠올리면서 만들어."

나는 이 영화를 보면서 예술 활동을 하는 사람에게, 또는 창작 활동을 하는 사람의 마음이 이러하여야 한다는 생각이 들었다. 이 세상의 모든 여자에게 '나의 마돈나여, 나의 태양이여.'라는 문구를 쓴 편지를 보내지 않는다. 가슴을 뜨겁게 달구어주는 여자에게만이 이런 편지를 보낸다.

이런 문구를 써서 편지를 보낸다면 수취자는 편지를 쓰는 사람에게 아주 특별한 사람이다. 마음속에 불꽃이 피어오르게 하고, 영감을 주는 사람이다. 마음이 황홀해지고, 감정이 출렁거려야만이 이런 편지를 쓴다. 마음이 별로 이끌리지 않는 사람에게 이런 말을 한다는 것은 쑥스럽고 부끄럽게 느껴진다. 우리가 작품을 쓸 때도 이런 감정 속에 빠져들어야 좋은 작품이 써질 것이다.

고급 창녀의 몸이 망가져가고 있을 때까지 견습 재단사는 전신전력을 다하여 옷을 만들었다. 죽음을 앞둔 공리가 마지막으로 재단사를 불렀다. 수많은 남자에게 몸을 맡겼지만 재단사에게는 한 번도 허락하지 않았다. 옷을 부탁하였으나 재단사는 줄자를 가져오지 않았다. "다음에 할까." 공리는 허망한 표정이 되어서 말한다. 재단사는 "손으로 만져만 보아도 몸을 알 수 있습니다."라고 대답하였다. 여자의 옷을 만드는 재단사라면 여자의 몸을 알아야 한다는 처음 만났을 때의 말에 대한 대답이었을 것이다.

나는 수필을 쓴답시고 20년 가까이나 끼적거리고 있다. 수필을 쓰는 사람이라면 수필이 무엇인지를 알아야 한다는 말처럼 들린다. 그러나 나는 아직 수필이 무엇인지 알지 못한다. 그렇다고 하여 50년 전의 여린 마음에 타오르던 불꽃도 없다.

한번도 품에 안아보지 못한 여인에 대하여 재단사는 환상을 가지고 있을 것이다. 기억하는 것만으로도 황홀해지는 아름다움의 존재였을 것이다. 우리는 환상을 가지므로 세상을 가슴 벅차게 바라본다. 그럴 때만이 예술이 태어난다는 것을 말하는 것이 아닐까?

예술은 자로 재단하여 만드는 것이 아니고, 손으로 만졌을 때 느껴오는 촉감으로 만들어진다. 고등학교 일학년 때 연애편지를 쓰게 하였던, 여린 가슴속에 타올랐던 불꽃이 사그러진 지도 까마득하기만 하다. 나는 꿈을 다시 지필 생각도 하지 않는다. 그러면서도 여전히 글쓰기를 하려 한다.

두 할머니 이야기

나와 함께 수필 공부를 하는 회원이 쓴 글을 읽었다. 성당에 열심히 다니는 저자는 성당에서 만난 두 할머니의 이야기를 수필로 썼다.

한 할머니는 성당에서 온갖 자질구레한 일을 도맡아서 하고, 시신을 염습하는 궂은일까지 마다하지 않았다. 고맙다고 사례를 하면 손사래를 치면서 펄쩍 뛰었다. 사례를 바라고 하는 일은 봉사가 아니라는 것이 할머니의 지론이었다. 새벽 미사를 보러 가서 만나게 되면 신심이 깊은 사람은 천주님이 꼭 기억해 주신다는 덕담도 잊지 않았다. 이야기를 나눌 때는 곧잘 까르르 웃는다. 웃음소리가 맑고, 밝기 그지없다. 담배를 치우는 할머니에게 고맙다고 담배를 한 갑 드리면 한사코 받지 않는다. 그러나 갑을 뜯어서 한 개비를 피우고 난 담배는 받는다. 아마도 뜯겨진 담뱃갑은 돈으로 바꿀 수 없다는 생각을 하시는 것 같았다.

성당의 행사장에서 할머니의 이웃에 산다는 자매를 만났다고 하였다. 저편에서 교우와 어울려서 한담을 나누는 할머니의 웃음소리는 여기까지 들려왔다. 자매는 참 안됐다며 할머니의 신상에 관하여 들려주었다. 큰아들은 사업을 하다가 부도를 내고 종적을 감추고는 소식도 없었다. 작은아들이 퀵 서비스로 생활을 꾸려가지만 벌이가 시원치 않았다. 할머니는 폐지를 주워서 조금이나마 생활비에 보탠다고 하였다.

또 다른 할머니는 약간 뚱뚱한 몸매이고, 복스런 얼굴을 하고 있어서 부잣집 마나님의 인상을 풍겼다. 할머니와 함께 걸을 때는 동생과 아들 자랑을 귀가 아프도록 들어야 했다. 수필에서 표현한 대로라면 자랑하기 위해서 살고 있는 사람 같았다.

"내 동생은 ○○동에 있는 60평 아파트에 살고 있제. 내 아들은 공부를 잘해서 약대를 보냈는데, 지금 75평 아파트에 살고 있지."

처음으로 들을 때는 '할머니는 복도 많으시다.'고 부러워해 주었지만 너무 자주 듣다 보니 이제는 듣기 싫은 소리가 되어버렸다.

일요일 미사를 마치고 성당 마당에서 음식을 나누어 먹는 친목 행사를 가졌다. 폐지를 줍는다는 할머니는 여전히 여러 사람과 어울려서 떠들고 있었다. 웃음소리가 멀리까지 퍼져 나갔다. 부잣집 마나님을 닮았다는 할머니는 커다란 테이블에 혼자 앉아서 식사를 하고 있었다.

이 수필을 쓴 작가의 의도는 분명하다. 선과 악을 대비하듯이 두 할머니를 대비함으로써 어떤 삶이 바람직한가를 말하고자 했다. 그러나 내 생각은 달랐다. 부자이고 싶어하는 마음이 꼭 같은 두 할머니의 이야기라고 생각하였다. 어느 한쪽을 선택할 수 있는 것이 아니다. 두 할머니는 똑같이 자신이 돈에 궁한 사람이 아니라는 것을 보여주려 애쓰고 있다. 한 할머니는 행동으로 보여주려 하였고, 한 할머니는 말로써 보여주려 하였다.

폐지를 줍는 할머니의 처지가 되어서 이런저런 상상을 해 보았다. 유복한 어린 시절을 보냈으리라. 그래서 가난한 이웃들에게 우쭐대면서 살았으리라. 아들이 사업을 할 때도 이웃으로부터 여유롭게 산다면서 부러움을 받았으리라. 아들이 부도를 내고 종적을 감추면서 가난뱅이가 되었지만 가난을 절대로 받아들일 수가 없었을 것이다. 현실에서는 호주머니가 텅텅 비었으면서도 돈 있는 사람의 행세를 하면서 살아가고 있다. 어쩌면 자신을 속이면서까지 허세의 삶을 살아가고 있는 것이 아닐까?

한편으로 부잣집 마나님을 닮았다는 할머니는 어떠하였을까. 유년의 세월이 너무 가난하여 힘겹게 보냈으리라는 생각이 들었다. 동생까지 말하는 것으로 보아서 어린 시절이 힘들었음을 추측하게 해준다. 할머니의 말마따나 가난을 벗고 여유롭게 살고 있지만, 그것만으로는 속이 후련해지지 않았다. 어릴 때에 가난뱅이라면서 싸늘하게 바라보던 이웃의 눈초리가 잊히지 않는다. '난 지금 부자가 되었어.' 라고 뻐기지만 주변에서 부러워해주지 않는다. 자신이 부자임을 알아주지 않는 것이 억울하였다. 가난하였을 때 그렇게 차가운 눈길을 주던 사람이었는데, 손해를 본다는 생각이 들었을 것이다

한 사람은 현실의 가난을 부정하면서 살고 있고, 또 한 사람은 부를 과시함으로써 과거의 가난을 부정하면서 살고 있다. 둘 다 부자이고 싶은 속내는 같으면서도 표현이 달랐을 뿐이다.

누가 더 가난할까. 누가 더 부자일까. 이런 질문은 어리석다. 나는 생업에서 은퇴한 후에 내 자신을 관조해 본다면서 '백수 일기'를 쓰고 있다. 30여 편이 모여 있다. 백수일기를 읽으면서 깜짝 놀랐다. 내가 두 할머니의 모습을 너무 많이 닮아 있었다. 나를 알아주지 않는다고 섭섭해한 일도 한두 번이 아니었다. 그뿐만 아니고 내가 마치 유명인이라도 되는 듯이 본심을 감추고 가식의 짓거리를 한 일도 수두룩하였다.

두 할머니가 바로 나였구나.

이제는 겁이 나서

요즘 와서 수필 읽기도, 수필 쓰기도 내심 시들해졌다. 예전에는 글자 한 자 놓치지 않으려 하였는데, 지금은 글을 읽어도 별로 감흥이 느껴지지 않는다. 연말이 되면 금년의 잘 쓴 수필이라는 특집도 더러 읽었다. 최근에는 지방지에서 신춘문예에 수필 당선작도 자주 읽었다. 그런데 도무지 기억에 떠오르는 것이 없다. 건둥건둥 읽은 탓이다.

하기야 사람이란 세월 따라서 감성도 메말라가고, 심리의 변화도 일어난다고 하니 글을 감상하는 마음도 예전 같지는 않을 것이다. 읽기야 그렇다고 하더라도 내가 쓴 글에도 실망하는 일이 너무 많다.

예전에는 원고 청탁이 들어오면 반갑기 짝이 없었다. 내 글이 활자화된다는 것만으로도 가슴이 설렜다. 지금은 원고 청탁이 오면 겁부터 더럭 난다. 가슴을 설레게 하는 일이 없어졌다는 것은 슬픈 일이다. 얼마 전에도 글 쓰는 지인을 만나서 신춘문예 당선작에 대해 대화를 나누었다.

"선생님도 읽어 보았지요?"

"그럼요. 읽었지요."

"너무 도식적이라서—, 잘 쓰기는 하였는데 감동적이라고 하기에는 좀—."

그리고는 힐끗 내 눈치를 살폈다. 뭔가 대답을 기대하는 눈치였다. 그런데 도무지 그 글의 내용이 기억에 걸려들지 않았다. 나는 속으로 당황하여 어쩔 줄을 모르면서도 겉으로는 태연한 척하였다.

"신춘문예는 감동을 주느냐가 중요하지 않고 수필가로서 기본 틀을 갖추었느냐가 선정의 기준이 되지 않을까요?"

이 대답을 하고 나는 속으로 쾌재를 불렀다. 기억나지 않음을 숨기면서도 당선작을 옹호할 수 있었으니까 얼마나 멋진 대답인가?

요즘은 원고 청탁이 들어와도 정중하게 거절하기 일쑤다. '글이 써지지 않는다.'고 운을 떼면 '책을 여러 권이나 내신 분인데.'라며서 의아해 한다. 여러 권의 수필집을 냈다는 사실이 내가 생각해도 신기하다. 지금 심정으로는 앞으로 다시는 수필집을 낼 수 없을 것 같다. 책을 내고 나서 출판기념회라는 것도 한 일이 없다. 그거야 스스로 마땅찮아 하였으니까 섭섭해 할 일이 아니다.

더러는 수필집을 내서 많이 팔았다는 말도 들었고, 출판사가 부탁하여 출판하였다는 말도 들었다. 나는 책을 팔아 본 일이 없다. 아예 출판사에 모두 기증해버리고 우송비까지 부담하기도 하였다.

얼마 전에는 지인이 책을 출판하였다고 가까운 사람들이 축하하면서 식사 대접을 하였다는 말도 들었다. 나는 여덟 번의 책을 내면서 딱 한 번, 첫 번째 수필집을 출간하였을 때 동인 몇 명이 저녁을 사 준 일이 있었다. 하기야 출판을 하고 나서 축하한다는 말을 듣고는 저녁을 사 준 일은 수도 없이 많다. 최근에는 "선생님 축하드립니다. 한 턱을 쓰세요."라는 말도 들었다. "왜 나는 책을 주지 않습니까."라며 전화를 하는 사람도 있었다. 그럴 때는 내가 무슨 죄인이라도 되는 듯이 죄송하다면서 목소리를 낮추었다.

나도 언제쯤 책을 출간하고 지인들로부터 밥 한 끼 대접받을 일이 있을까? 아마 없을 것 같다. 이제는 감성도 메말라져서 수필쓰기가 겁부터 나니 언제 책을 낼 수 있을지도 모를 일이다. 포도를 따지 못한 여우가 신포도라고 욕을 하였다. 나도 요즘은 자주 '읽지도 않는 수필'이라며 신 포도처럼 다룬다.

얼마 전에 30대의 젊은이가 자기의 인생을 바꾼 이야기를 하였다.

"아침에 화장실에 가면서 책상 위에 얹힌 책을 손에 잡히는 대로 들고 갔어요. 저자가 ○○○이던데, 아 글쎄, 당신은 당신의 인생에 만족합니까. 죽을 때 후회 없는 삶이었다고 할 수 있습니까?"라는 글을 읽고 많이 생각하였다고 하였다. 사표를 던지고 지금의 일을 선택하였다고 하였다.

나는 깜짝 놀랐다. 그가 이름을 댄 사람은 내가 별로 좋아하지 않는 수필작가였다. 그 작가의 수필을 폄하하면서 "또 공자 촛대 뼈 까는 소리하네."라고 말한 그 내용이 한 사람의 인생을 바꾸었다니.

그럼 다시 한 번 수필을 써 볼까? 누가 축하한다고 밥을 한 끼 사 줄 일이 내게도 일어날지 알 수 없잖아.

내 친구

둘 다 경주에서 대구에 유학 와서 친한 친구도 없이 학교를 다니려니 외로웠다. 서로 성격도 달라서 친했다기보다는 그냥 가까이 지냈다. 둘이 교육대학 부근에서 하숙을 할 때는 자주 드나들었다. 그의 하숙방에 들러보면 방바닥에 먼지 한 톨 없이 깨끗하여 윤이 날 정도였다. 책꽂이의 책도 흐트러짐이 없었다. 방 한 구석에 이불이 밀쳐져 있던 내 하숙방과는 너무 달랐다.

그는 의학 공부에 대한 열정이 아주 강하였다. 미국에 가서 공부를 하겠다는 말을 입에 달고 다녔다. 나는 낯선 곳에 가서 의학 공부를 하겠다는 생각은 추호도 하지 않았다. 그만큼 공부에 대한 내 열의가 모자랐고, 용기가 없었고, 세상살이도 소극적이었다. 더 솔직히 말하자면 의과대학을 다니면서도 의학에 대해서 별다른 흥미를 느끼지 못하고 있었다.

어쨌거나 그는 우리 동기들 중에서 제일 먼저 미국으로 공부를 하러 갔다. 떠나기 전에 술이 만취가 되어서 그의 신혼 방에서 같이 밤을 보낸 일이 기억 날 뿐이다. 미국으로 떠나가고 나서는 나의 삶에서 멀어져 버렸다. 대학병원에 근무한 탓에 간혹 그로부터 학교에서 발부하는 서류를 부탁하는 편지가 왔다. 그럴 적마다 서류를 보내 준 일은 있었지만 그때 보낸 그의 주소도 생각나지 않는다.

미국에서 귀국하는 동기를 통해서 간간이 그의 소식을 듣긴 했지만 서로 연락을 끊고 지낸 지 십수 년도 더 흘러갔다. 그때 피츠버그에 있는 동기로부터 초청이 와서 미국에 간 일이 있었다. 이 친구도 참석한다는 말을 듣고 만날 수 있겠구나, 생각하고 있었다.

도착하니 뉴욕에서 이웃하여 산다는 동기가 이 친구가 전해주라는 선물이라면서 최신형 카메라를 건네주었다. 그는 갑자기 일이 생겨서 올 수 없다고 하였다. 카메라를 받고 나서야 비로소 나는 빈손으로 왔다는 것을 알았다. 그때는 이미 내 생활의 바깥에서 머물고 있었다.

피츠버그에 살고 있는 친구의 집은 마치 동화책에 나오는 궁전만큼이나 으리으리하였다. 그날 저녁에 이 친구에게서 전화가 왔다. 인사말이 오고 갔지만 지금도 가슴이 찡해오는 그의 말이 기억난다. "동민아, 네가 보기에는 미국에 있는 우리 동기들이 모두 성공하여 잘사는 것 같제. 그 뒤에는 흘린 눈물도 많았데이. 너희들은 모를 거야." 집의 지하에 노래방 시설이 되어 있었다. 1960년대에 우리가 불렀던 한국의 노래들, 그것도 우리가 흘러간 옛 노래라고 하는 것들로 채워져 있었다. 하기야, 그날 저녁에 미국 친구들이 그 노래를 얼마나 목이 터져라고 부르던지.

그 후로는 내게 더러 연락을 하였다. 지금도 그에게 미안함을 지우지 못하는 것은 그는 여러 번이나 연락을 주었지만 나는 거의 연락을 하지 않았다. 연락을 해야겠다는 마음이 일어나지 않았다. 내가 미술을 좋아한다는 말을 듣고 웬디 수녀의 미술책과 해리 브람스사 판 ≪세계미술사≫ 최신판을 보내주었다. 그가 보낸 책에는 내가 좋아하는 고대미술사를 상세하게 다루고 있어 지금도 보물처럼 간직하고 있다.

그가 한국에 나왔을 때 대구로 초청하여 식사 대접을 한 일이 있었다. 대수롭지 않은 식사 한 끼의 대접이었는데 그는 너무 고마워하였다. 아들은 의과대학을 졸업하여 독일계 여의사를 며느리로 맞았다는 이야기를 하였다. 딸은 미국의 변호사가 되었다고 할 때는 얼굴이 환하게 밝아졌다. 그때 내가 얼마나 부러워하였는지 모른다. 따지고 보면 돈도 벌었고, 아이들도 잘 키웠으니까 더 이상 바랄 일이 어디에 있을까 싶었다.

그가 미국으로 돌아간 지 얼마 지나지 않아서 연락이 왔다. 목 디스크 때문에 수술을 받았다는 것과, 의사직을 은퇴하고 노후 생활을 즐기겠다고 하였다. 겨울이면 뉴욕은 너무 추워서 플로리다에 집 한 채 마련하여 그곳에서 겨울을 나기로 하였다고 하였다. 나는 그의 은퇴를 또 부러워하였다. 그래서 부럽다고 하였더니 부러운 일이 아니라면서 말끝을 흐렸다. 백인들 사회에 섞여서 살다 보면 소외를 느낄 때가 많다고 하였지만 내 부러움은 여전하였다.

친구는 내 눈에 미국에서 성공한 의사의 사례처럼 보였다. 이 친구가 내가 의과대학을 다닐 때 가장 가까운 친구라면서 주위 사람들에게 자랑도 많이 하였다.

친구는 뉴욕에서 플로리다로 옮겨 갈 때마다 나에게 연락하였다. “동민아, 이제 플로리다로 내려가니 연락할 일이 있으면 그곳으로 해라.”라고 하였다. 6개월쯤 지나면 이제는 뉴욕으로 돌아간다며 또 같은 말을 하였다. 그러나 내가 먼저 전화를 한 일은 도무지 기억나지 않는다. 먼먼 미국에서 생활하고 있는 그는 이미 내 속마음을 전할 만큼 가깝게 느껴지지 않아서일 것이다. 수십 년을 떨어져서 살고 있는 그가 내 주변의 일에 흥미를 느낄 일도 없으리라 여겨서일 것이다.

그가 전화를 할 때마다 목 디스크 수술을 받고 나서는 좋아하던 골프도 마음대로 즐길 수 없다고 하였다. 그와 나는 대화중에서 골프 이야기가 많았던 것은 그만큼 삶의 즐거움 한 조각을 골프에서 찾았던 것 같았다.

최근에 와서는 연락을 거의 끊고 지냈다. 그가 오랫동안 전화를 하지 않았기 때문이다. 나는 소식 없이 오랜 시간이 흘렀는지도 모르고 지냈다. 그는 내 생활에서 저 멀리 밀려나 있었다.

그 친구가 죽었다는 연락이 왔다. 은퇴를 하고 노후를 편안하게 즐긴다는 사실만 알고 있었으므로 얼른 믿어지지 않았다. 경주에 있는 그의 동생에게 전화를 하였다. 아들이 애리조나에 자리를 잡아서 플로리다에서 애리조나로 집을 옮겼다고 하였다.

“형님도 아시다시피 목 디스크로 약을 먹고, 요즘에는 우울증도 있어서 약을 좀 과용했는지 모르겠네요. 뉴욕에 볼일을 보러 간 형수님이 전화를 하여도 닿지 않아서 아들더러 들러 보라고 하였더니－."

동생은 말을 잇지 못하고 끝내 울먹거렸다. 나는 그냥 묵묵히 듣고만 있었다. 그냥 지난날의 온갖 일들이 머리를 스치고 지나갔다.

학교를 파하고 돌아올 때 교육대학 앞에 있던 막걸릿집에 어쩌다 한 번씩 들렀다. 한번은 이쁜 아가씨가 주전자를 들고 서빙을 하였다. 며칠 뒤에 이 친구가 흥분하여 내 하숙방을 찾아 왔다. "동민아, 그 아가씨 있잖아. 예쁜 아가씨가 왜 이런 데 있냐고 하였더니 고향으로 돌아갈 차비가 없다잖아. 하숙비를 잘라서 차비를 하라고 주었는데 오늘도 있더라." 그 친구는 그랬다. 착하고, 순진하고, 순수하고, 그만큼 외로움도 많이 탔을 것이다. 낯선 곳에서 얼마나 외롭고, 힘들게 살았을까? 겉보기로는 성공을 해서 행복하게 보였지만 삶의 뒤안길에는 얼마나 아픔이 있었을까. 이제야 내 친구라고 불러보는구나.

울먹이면서 전해주던 동생의 목소리가 자꾸 맴돈다. "우울증 때문에 약을 좀 과용했나 봅니다."

묵향과 악취

발을 씻다

금년 여름은 지독히 덥다. 이럴 때는 개울을 찾아가서 시원한 물에 발을 담그고 잠시나마 더위를 식히고 싶다. 옛날 그림을 보면 개울에 발을 담근 광경을 그린 것이 많다. 제목은 발을 씻는다는 뜻의 〈탁족도〉이다.

이경윤의 그림은 〈고사高士탁족도〉 라고 이름을 붙였으니 발 씻는 이는 선비가 분명하다. 물을 바라본다든지, 폭포를 바라본다든지 하는 사람은 으레 고사를 달고 있으니까 예외 없이 선비들이다. 높은 선비라는 뜻이다. 이때의 높다는 것은 지위를 말하는 것이 아니고 정신의 경지가 고매하다는 뜻이다. 흔히 하는 해석으로는 속세의 온갖 것을 버리고 은거하여 자연과 더불어 유유자적한 삶을 즐긴다는 것이다. 삶을 사는 것이 아니고 즐긴다는 뜻이다.

10여 년 전에 IMF라고 부르는 험한 물결이 우리의 삶을 뒤덮었다. 이때도 물결에 떠밀려서 많은 사람들이 도시를 떠나 시골로 내려갔다. TV에서 소개하는 그들의 모습은 모두가 표정이 밝다. 시골에 내려오기를 잘한 일이었다고 하였다. 자연과 더불어 사는 일이 이렇게 여유롭고, 편안한데 왜들 도시에서 아웅다웅하는지 모르겠다고 말하였다.

TV 화면은 잠시 구름이 맴도는 산봉우리를 비춰 주었다. 그들의 말이 진실이라는 것을 증명이라도 하려는 듯하였다. 졸졸거리는 물소리가 금방이라도 들릴 듯한 골짜기의 개울물도 보여주었다. 그리고는 자연의 품이 얼마나 안온하고 따뜻한가를 나긋나긋한 목소리에 실어서 설명하였다.

그래! 그곳이다. 내 유년을 보낸 산골짜기가 바로 저기가 아니던가? 멍하니 바라보면서 그들의 삶을 얼마나 부러워하였던가? 언젠가 최무룡이 부른 〈외나무다리〉가 흘러나오면서 화면은 복사꽃으로 뒤덮인 산야를 따라서 빠르게 움직였다. 그때 내 마음은 더없이 안온해졌다. 포근함이 느껴왔다. 달착지근한 느낌 속으로 빠져 무척이나 그렇게 살고 싶었다.

개울에 발을 담근 선비의 모습을 그린 화가는 무슨 생각을 하였을까? 학자들은 탁족도의 기원을 굴원의 〈초사〉에서 찾는다고 하였다. 억울한 누명을 쓰고 중앙 정계에서 쫓겨난 굴원은 고향인 초나라로 낙향하였다. 하릴없이 강둑을 거닐고 있는 굴원을 보고 어부가 노래를 불렀다. "창랑의 물이 맑으면 내 갓 끈을 씻을 수 있고, 창랑의 물이 흐리면 내 발을 씻는다." 이 초사를 두고 대부분의 옛 문인들은 굴원이 낙향하여 한가롭게 발을 씻는다고 시를 읊으며 무척이나 부러워하였다.

정말 그럴까? '세상에 맑고 흐림에 따라서 갓 끈도 씻고, 발도 씻으며 시속에 맞추어 처신하여 자신의 안전이나 보호하면서 살아갈 일이지, 무엇이 잘났다고 마음속까지 보여주어서 여기로 쫓겨 내려왔는가.'라며 어부가 조롱하는 내용이라고 해석하였다. 하루하루를 힘들게 살아가는 어부의 눈에는 굴원이 하는 짓이 배부른 자의 투정처럼 보였을까? 어쨌거나 굴원은 며칠 뒤에 멱라수에 몸을 던져 자살하였다. 어부가 옳았는지 굴원이 옳았는지는 나는 모르겠다.

〈탁족도〉는 자연을 벗삼아 한가롭게 발이나 씻는 모습을 그린 것이 아니다. 굴원을 보면 죽음까지 감추었을 수도 있다. 유가의 눈으로 보자면 굴원을 조롱하는 어부의 태도는 심히 못마땅하였으리라. 권부에서 쫓겨나는 한이 있더라도 바른 말을 해야 하는 치세治世의 입장에서는 굴원의 태도가 옳다.

도시의 생활에서 쫓겨나듯이 귀향하여 농사를 지으면서 사는 사람을 패배자처럼 바라보는 것이 옳을 리 있겠는가마는, TV라는 괴물이 통치자의 전략에 따라서 찬미만 늘어놓는 것도 무책임하다. 어쩌면 채플린의 희극 뒤에 눈물이 깔려있듯이 TV 화면이 보여주는 귀농자의 웃음 뒤에는 민초들의 냉소와 비아냥거림이 깔려있을지도 모른다. 탁족보다는 강물에서 생업을 꾸리는 어부의 시선으로 바라보면 그렇다.

이경윤의 〈고사탁족도〉를 보면 발을 물에 담근 선비는 고개를 뒤로 돌려서 뭔가를 바라보고 있다. 저녁의 이내 속에 희미하게 묻혀가는 산 그림자를 바라보는 모습에는, 산 너머에 두고 온 속세의 질긴 미련 때문인지도 모른다. 그렇다면 탁족도의 의미는 달라질 수밖에 없다. 비록 고향인 시골로 내려와서 흐르는 물에 발을 담그고 있지만, 자기를 쫓아낸 곳을 잊지 못한다는 것은 지극히 세속적인 해석 방식이다. 멱라수에 몸을 던진 굴원의 죽음도 얼마든지 다르게 해석할 수 있다. 그렇다면 농촌으로 상징되는 자연은 내가 영원히 회귀하는 곳이 아니다. 도시에 익숙해진 우리가 잠시 몸을 숨기는 피난처일 뿐이다.

종종 주변 사람들의 이야기를 듣는다. 낙향한 지 일 년 만에 다시 도시로 되돌아왔다는 이야기들이다. 이유도 다양하다. 인심이 예 같지 않더라는 말을 한다. 모기 때문이라는 지극히 현실적인 이유도 있었고, 마누라 등쌀 때문이라는 우스개 같은 이유도 있었다. 무슨 이유를 대든지 산 그림자 너머로 바라보면서 탁족하는 선비의 눈길이 진짜 이유가 아닐까?

속세의 일에서 한 걸음 벗어났으니 시골에 가서 살아볼까? 탁족하는 선비처럼 미련을 못 버린다면, 글쎄다.

그림자도

창 너머로 팔공산의 봉우리를 바라보면서 햇살의 밝기를 가늠해보았다. 사진 찍기에는 햇볕이 밝게 비춰주어야 하는 것이 최우선 조건이라고 믿었다.

비로봉에서 서쪽으로 비스듬히 내려오는 능선의 암벽에 잘생긴 부처님이 앉아 계신다. 그 부처님의 명함판 사진이 필요하였다. 산의 정상까지 오르는 일이 수월하지 않으므로 모처럼 올라간 일이 헛걸음이 될까 봐서 이것저것 따져서 날을 잡았다.

늦가을 날씨는 구름 한 점 없었다. 사선을 그으면서 미끄러지는 햇살은 명주실처럼 윤이 나면서 반짝였다. 정오에서 오후 한 시경쯤 되면 햇살은 한결 도타워지고, 눈이 부실 만큼 밝아진다. 그 시간을 맞추려 서둘러서 케이블카를 타고 올라갔다.

바위를 거처로 삼으신 부처님은 예전이나 지금이나 세속의 바람쯤에는 미동도 않고 앉아 계신다. 내가 이 부처님을 뵌 것이 어디 한두 번이던가. 그때마다 여전한 모습이시다.

지난번에 팔공산에 관한 책을 출간하였을 때 여러 참고 자료에서 설명한 내용들이 내 생각과는 다른 것이 있었다. 내가 믿고 있는 내용들이 옳다는 것을 증명할 자료를 찾기 위해서 부처님의 모습을 사진기에 담으려 별러 왔었다. 남향을 하고 계시니까 정오 녘의 햇살은 온몸 위로 폭포처럼 쏟아져 내렸다.

나는 많은 자료를 확보해야겠다는 욕심으로 셔터를 마구 눌렀다. 나중에 세어보니 자그마치 42장이나 되었다. 이 정도의 사진이면 쓸 만한 것도 여러 장이 나오겠지 싶어서 흐뭇하였다.

내려오는 길에 동화사로 들어가는 초입의 암벽에 있는 부처님에게도 찾아갔다. 이왕 산에 온 김에 여기 부처님도 사진으로 모셔갈 심산이었다. 오후 녘의 해가 꽤나 기울었다. 북향을 한 탓인지 햇볕이 닿지 않는 부처님의 모습은 희미하게 드러났다. 그늘이 짙으면 좋은 영상은 기대할 수 없다는 지레짐작으로 한참이나 망설이다가 몇 장만 찍었다. 이곳이야 쉽게 올 수 있는 곳이므로 사진이 좋지 않으면 잠시 짬을 내어서 오겠다는 생각이었다.

사진관으로 바로 달려가서 사진을 뽑아 보았다. 사진사는 "이 사진은 안 되겠는데요. 이렇게 흐릿해서야 형체가 구분이 되지 않습니다."라고 하였다. '쓸 만한 것 한두 장이면 되는데.' 나는 도무지 믿어지지 않아서 혼잣말을 하였다. 멋진 사진을 찍겠다는 일념으로 화창한 날씨를 얼마나 고르고 기다렸던가! 내가 알고 있는 최상의 조건에서 찍은 사진인데—. 무려 42장이나 찍었는데, 쓸 만한 것이 하나도 없다는 것이 믿어지지 않았다. 이렇게 좋은 날에 찍었는데—, 나는 연신 구시렁거렸다.

"선생님, 조명이 너무 밝으면 음영이 지지 않아서 입체감을 나타내지 못합니다. 더욱이 이 부처님처럼 저부조이면 평면이 되어 버립니다. 밝다고 무조건 좋은 것은 아닙니다. 그림자도 필요합니다." 나의 중얼거림이 못마땅하였던지 사진사가 한마디하였다.

나는 지난번에 슬라이드를 만들면서 햇볕이 너무 강하여 그늘에서 사진을 찍은 일이 있었다. 결과는 엉망이었다. 이유는 그늘이라 조명이 약해서 그렇다고 하였다. 그 후로 나는 사진 찍기는 밝은 조명이 최고의 조건이라고 굳게 믿게 되었다. 어쨌거나 이 사진들은 믿음이란 것도 얼마나 허망하며, 불확실한가를 새삼 일깨워 주었다.

수년 전에 경주 남산에 계시는 부처님들을 흑백 사진으로 찍어서 전시회를 가진 사진작가가 있었다. 나는 고향이 경주라서 남산에 계시는 부처님을 많이 알고 있다. 어떤 부처님은 얕은 음각선으로 되어 있고, 또 다른 부처님은 아주 저부조라서 유심히 바라보아도 윤곽선이 가늠이 안 되기도 한다. 그 부처님들이 사진을 통해서 새롭게 이 세상으로 저벅저벅 걸어 나오시는 모습이었다. 또렷한 윤곽선과 분명한 이목구비를 갖추었을 뿐 아니라 자비로운 미소가 얼굴에 가득 퍼져 있었다. 바라보다가 나도 모르게 옷깃을 여미도록 하는 경이로움이 있었다. 사진작가는 부처님을 새롭게 탄생시키는 신의 손만 같았다.

사진작가와 대화시간에 한 사람이 우문을 하였다. "작가님은 사진을 찍는 솜씨가 정말 뛰어나시네요. 부처님을 실제보다 더 선명하게 찍었습니다.” 그때 작가는 정색을 하면서 “기술이 아닙니다. 이것은 정성입니다.”라고 하였다. “제가 서울에 있는 집을 떠나서 경주의 남산 자락에 자취를 하면서 몇 년을 보냈습니다. 오로지 부처님을 사진 찍기 위해서입니다. 사진 찍기에 적합하게 음영이 지는 시간은 일 년에 한 나절이 안 되는 수도 있습니다. 그때 마침 비라도 온다면 다시 일 년을 기다려야 합니다.”

듣고 있던 내가 숙연해지던 그때의 기억이 얼핏 머릿속을 스쳤다.

“햇빛만 나면 무조건 좋을 줄만 알았는데－.”라는 내 중얼거림을 들은 사진사는 “몇 시간을 기다려 보면 기회가 잡힐 수도 있는데요.”라며 거들었다.

몇 시간을－! 사진 한 장을 얻기 위해서도 이렇게 정성을 쏟아야 한다. 내 삶에서 기다림이란 시간 낭비라고 믿었다.

나는 사진관을 나오면서 “다음에 새롭게 찍어서 다시 들를게요.”라고 하였다.

묵향과 악취

예전에 아내가 서실을 방 하나에 꾸며두었을 때는 방문을 열면 악취가 머리를 아프게 하는 일이 많았다. 먹을 풀어서 오래 두면 섞여있던 아교와 풀이 썩어서 지독한 냄새를 뿜어냈다.

흔히들 묵의 냄새를 향기롭다고 한다. 그래서 묵향墨香이라고 한다. 묵墨은 나무를 태워서 그을음으로 만든 것이기 때문에 약간의 숯 냄새가 난다. 향기롭다고 하기에는 아무래도 적절한 표현은 아니지만 언어란 반드시 사실만을 나타내는 것이 아니다. 상징적인 의미를 담아내는 수가 많으니 말이다. 묵을 다루는 사람의 정신적인 고귀함을 묵의 향기로 상징하여 드러내는 것이므로 잘못이라고 할 수는 없다.

붓과 묵을 사용하여 글씨의 조형미를 추구하는 일이 결코 쉬운 일이 아니다. 더군다나 문자가 담고 있는 의미가 내용이 되므로 서예를 하는 사람의 정신적인 깊이는 한량없이 깊어질 수 있다. 향기롭다고 말하여도 시비를 걸 수가 없다.

서예를 하는 사람들이 쓴 글에서 가장 많이 만나는 말이 묵향이고, 정신적인 고귀함이고, 무관심적인 즐거움이다. 서예를 오랫동안 하면 정신적인 수양이 깊어져서 도道의 경지에 이른다는 내용이 많다. 옛 그림에도 선비들이 낙향하여 자연 경관을 벗 삼아서 서화를 즐기는 모습들이 많다.

아내가 그 묵향에 젖어서 보낸 세월이 거의 30년이 된다. 중고등학교에 다닐 적에는 6년 동안을 사뭇 미술반을 하였다고 했다. 아니, 유치원부터 미술반을 했고, 미술대학에 가고 싶었지만 집이 가난하여 꿈을 접었다는 말이 내 가슴을 아프게 하였다.

아내가 처음으로 붓을 잡은 이래로 나는 곁에서 지켜보았다. 너무 진지하게 빠져드는 것을 보고 감탄도 하였고, 실의에 젖어 있을 때는 격려도 해주었다. 나도 미술을 좋아한다. 내가 미술 모임을 만들어서 공부를 하고 있고, 은퇴를 한 지금은 대학원에서 미술사학을 공부하고 있다. 따라서 내가 알고 있는 미술 지식으로 조언도 해주었다.

처음에는 모두들 아무런 욕심 없이 서예를 즐긴다고 한다. 그러나 막상 서예의 세계에 발을 담그면 그 세계의 나름대로 밝은 면도 있고 어두운 그림자의 일면도 있다. 무심의 경지에 이르기보다는 명예를 추구하고, 남의 시선을 끌고 싶어 하는 것도 인지상정이다. 그러기 위해서는 공모전에 응모할 수밖에 없도록 묘하게 구조화된 서예계에는 막강한 권력이 도사리고 있다.

“예술 작업은 그게 아닌데−, 예술 작업은 창작을 하는 것이므로 작가는 작품을 통하여 자신을 드러내야 하는데−.”

아내는 한참이나 공모전을 통과하여 그들의 세계로 편입되어 들어가느냐와 전시회를 통해서 자신의 색깔이 있는 작품을 내보이느냐를 두고 갈등하고 고민하는 것 같았다. 공모전을 택할 때는 양심에 상처를 남기지 않고는 도저히 진입할 수 없는 두꺼운 벽 앞에서 절망감을 뼈저리게 맛보아야 했다. 좌절하고, 실망하고, 마음의 상처를 보듬지 못하는 모습이 안쓰러웠다.

“지금 방식의 서예로는 살아남지 못한다. 서예가 대중에 가까이 갈 수 있는 방법으로 민화와 서각을 통합하여 색채와 조형미로 승부를 걸어야 한다. 공모전으로는 작가의 체취가 묻어 있는 작품을 만들지 못한다.”는 것이 내 지론이다.

다행스럽게도 서예 전문지가 대구에서 초대전을 열어주었다. 주최자가 실험적인 작품에 대한 반응이 무척 좋더라고 하여 기분이 한결 고조되어 있었다. 이왕이면 서울에서 전시를 하는 것이 좋겠다는 조언도 해주었다.

부랴부랴 서울 전시회를 서둘렀다. 잡다한 행사를 모두 그만두고 보여주기 위한 전시회만 조촐하게 하기로 하였다. 15년간이나 서울의 서숙書塾에 공부를 하러 다녔으므로 설마 그곳의 회원들이야 찾아와 주겠지. 서숙 바로 곁에서 전시를 하니까 지나치는 길이어서도 들르겠지 하는 기대를 갖고 있었다. 그러나 일주일 내내 그들은 찾아오지 않았다. 건너편 갤러리에서 그들의 스승이 전시회를 한다면서 떼를 지어서 앞길을 몰려다니면서도 들어오지 않았다. 전시회의 길을 택하므로 그들 세계의 바깥에 머물러 있는 모습이 못마땅하였을까? 아내는 실망스런 표정을 감추려고 애써 얼굴을 가다듬고 있었다. 그러나 속으로는 울고 있었을 것이다.

그들에게서 나는 왜 묵향보다는 역겨움을 느꼈을까? 오래전에 우리 집에 두었던 서실을 다른 곳으로 옮겼다. 아무리 지우려 해도 악취가 없어지지 않아서이다. 서울에서 느꼈던 냄새를 지우려면 그들의 세계에서 빠져나오라고 조언을 해야겠다. 너무 오래 머물면 스며드는 악취로 자신도 더러운 냄새를 피우리라 싶어서이다.

그림에 대한 생각

내가 다닌 시골 중학교 강당에는 산 아래의 시골마을을 그린 큼직한 풍경화가 걸려 있었다. 야트막한 민둥산 자락에는 나무 뒤에 숨은 초가들이 듬성듬성 보였다. 마을 앞에 노랗게 익은 보리가 화면 가득 메웠다. 보리밭 사이로 푸른 잎의 나무 울타리가 화면을 가로지르면서 눈앞까지 바짝 다가와 있었다. 황토색의 민둥산과 회백색이 감도는 초가지붕, 그리고 누렇게 익은 보리밭은 나의 감성을 한껏 올려 주었다.

시골의 우리 집으로 들어가는 좁은 길은 밭둑에 심은 측백나무 울타리가 사철 내내 푸른색을 띠고 집까지 이어졌다. 그래서 그림 속의 푸른색이 도는 나무 울타리가 나를 환상의 골짜기로 이끌었나 보다.

우리가 어렸을 때는 그림을 만나는 일이 쉽지 않았다. 이 풍경화는 나에게 깊은 감동을 준 첫 번째 미술작품으로 기억 속에 각인되었다. 그때의 감동 때문인지는 몰라도 나는 시골의 풍경을 그린 그림 앞에 서면 곧잘 감동에 젖는다. 유년이 펼쳐지고, 어머니가 생각나고, 그리고 날이 저물도록 뛰놀았던 산과 들과 개울을 떠올린다.

어른이 된 지금도 그림을 좋아하는 것은 그때의 감동이 아직도 가슴속에 살아 있어서인지 모르겠다. 전시회도 자주 다니고, 나름대로 그림 공부도 한다.

얼마 전까지 거실에 걸어 두었던 그림도 안동의 시골 마을을 그린 것이었다. 가을걷이를 끝낸 언덕배기의 밭은 황토색 바닥을 드러내고, 가장자리에는 회색빛 슬레이트 지붕의 집이 한 채 서 있다. 산자락을 감아 돌면서 흐르는 개울가의 풀은 늦가을의 햇살 속에 누런 빛을 띠고 있었다. 조금은 황량한 기분이 드는 풍경이었다.

나는 곧잘 이 그림을 두고 "멋진 풍경이지요." 한다. 선뜻 동조해 주는 사람을 만나기가 어렵다. "여길 보세요. 풀숲 사이로 보일 듯, 말 듯한 산길이 보이지요." 산 둔덕을 오르고 있는 개울 너머의 오솔길을 가리키면 그제서야 "어, 여기 길이 있네."라며 새삼스럽다는 표정을 짓는다. 풀숲과 바위에 가리어진 좁은 길은, 혹은 흔적으로, 혹은 실낱같이 그은 흙색 선은 화폭의 가장자리까지 이어지다가 사라진다. 나는 다시 우리 집에서 바라보았던 앞 산 자락의 오솔길을 떠올린다. 작은 길 하나가 둔덕을 돌아가면서 내 시선을 산 너머로 이끌고 갔던 옛 길을 떠올린다. 그러나 언제부터인가 정겹던 산들이 우리의 그림에서 떠나가고 있다.

요즘 서울에서 이름이 쟁쟁한 서양화가들의 전시회가 자주 열린다. 미술사에서 찬란하게 빛나는 이름들을 대하면 그림도 보기 전에 마음이 설렌다. 그림 동호회에서 전시회를 관람하러 서울까지 나들이를 한다. 지난해에는 고흐전도 있었고, 르누아르전도 있었다. 현대화랑에서 이우환전도 관람하였다.

전시실 바닥에 아무런 가공도 하지 않은 화강암 덩어리를 놓아 두고 그 앞에는 제목도 그럴싸하게 붙여 놓았다. 르누아르가 그린 나부의 따뜻한 살결에서 느꼈던 감흥이 일어나지 않았다. "회장님, 이것은 어떻게 봐야 합니까?" 동호회 회원의 나에게 던진 질문이었다. 이우환의 작품을 전에도 본 일이 있었지만 호기심 이외에는 아무런 느낌도 없었다. 그가 주장하는 것을 이해하려 하였지만 가슴은 여전히 싸늘하였다.

이우환은 미니멀 아트를 하는 화가이지만 한 걸음 더 나아가서 '모노하'라는 자기 나름의 이론을 제시하였습니다. 대상 자체에 전혀 인공을 가하지 않고……. 설명은 하였지만 아무런 감흥도 느껴지지 않았다.

미술은 세월 속에 수많은 유행을 만들어 놓고 저만치 흘러가 버린다. 가슴속에 담아 두었던 감동의 기억을 어떻게 처리해야 할지 막연하다. 새로운 시대의 새 유행을 받아들이지 못하면 마치 교양인의 대열에서 낙오한 느낌이다.

내가 참여하는 그림 동호회에서 만나보고 싶은 화가를 선정하여 방문하곤 한다. 거실의 벽에 걸렸던 그림을 그린 화가를 추천하였더니 시대에 뒤떨어진 그림을 그리는 상업 화가라면서 반응이 냉담하였다. 내가 현대미술에 대한 안목이 모자란다는 것만 확인하였다.

알고 지내는 화가의 전시회에 초청받았다. 겉은 멀쩡해 보이는 헌 텔레비전, 귀퉁이가 떨어져 나간 스티로폼 상자, 너덜거리는 비닐 봉지를 바닥에 늘어 놓았다. 무덤덤하게 바라보면서 지나쳤다. 골목길 어귀에 만나는 쓰레기 더미였다. 여기에 날이 떨어져 나간 호미, 찢어진 뒤축을 기운 검정 고무신 한 짝 그리고 자루가 부러진 놋쇠 숟가락을 늘어놓았다면 어떤 기분이었을까?

아침 신문을 펼치니 현대화랑에 관한 기사가 있었다. "현대 화랑에서 발굴하지 않았더라면 묻혀버렸을 화가들이 숱합니다. 백남준도 그중의 한 명입니다."라고 하였다. 내가 지난 시대의 폐품에서 느끼는 감동은 시대를 따라잡지 못한 낙오자의 슬픈 노래인지 모르겠다. 교양인이 되려면 화랑이 이끌어주는 대로 따라만 가면 되는지 모르겠다.

나는 지금도 시골 중학교의 강당에 걸려 있던 그림을 떠올리면 가슴이 찡해진다.

생몰연대 불명

미술사의 흐름을 바꿀 만큼 유명한 화가인데도 개인적인 행적은 안개 속에 묻혀 있는 인물들이 많다. 그들의 자료를 찾으려 문헌을 뒤적여 보면 생몰연대 불명이 그들의 소개서이다.

대표적인 화가가 신윤복이다. 지금껏 발간된 미술사 자료를 구하여 찾아보니 그의 그림에 대한 해설은 빠짐없이 나온다. 그러나 그의 발자취를 소개한 기록은 어디에도 없다. 어쨌거나 지금껏 알려진 그의 이력은 화원 화가였던 신한평(申漢平 1726 - ?)의 아들이라는 것과, 확실하지는 않지만 그도 화원 화가였다는 정도이다. 신한평은 김홍도와 같은 시대의 화원 화가였으므로 서로 아는 사이라고 생각한다. 신윤복의 그림에 김홍도의 화풍도 나타나고 있으므로 그의 영향을 받았으리라 생각한다. 그러나 그에게 직접 그림을 배웠는지는 알 수 없다.

신윤복은 풍속화를 많이 남긴 화가다. 화가들의 입장에서 보면 풍속화는 여기로 그린 그림이다. 그러나 신윤복을 미술사에 이름을 올리게 한 것은 심심풀이로 그렸던 풍속화이다.

김홍도가 그린 풍속화는 서민 생활의 애환을 담은 생활상을 해학적으로 소개한다. 이 점에서 풍속화 소재나 인물 표현에 차이를 보인다. 신윤복은 한량과 기녀들의 로맨스를 다룬 에로틱한 내용을 담았다. 기방에서 별별 남정네를 상대해야 하는 기녀들이나 시중의 뒷거리를 배회하면서 건들거리며 살아가는 한량들의 이야기는 어느 시대, 어느 사회이든 희화적인 요소들이 많다. 신윤복은 바로 이것을 그의 그림의 소재로 삼아서 화폭에 담아냈다.

나는 조선시대의 선비 문화를 가면 문화라고 부르고 싶다. 도덕적인 가치관을 너무 강조하다 보니 그들의 문화에서는 인간의 내면에 자리 잡고 있는 진솔한 감정을 솔직하게 드러낼 자리가 없다.

조선 후기를 풍미하는 그림은 문인화이다. 서권기와 문자향이 넘쳐나는 그림이다. 말 그대로 책을 많이 읽어서 얻은 지식이 그림에서 흘러 넘쳐야 한다. 문자향도 한문이 주는 심오한 뜻을 읽을 줄 알아야 한다. 서권기와 문자향을 받아들일 줄 아는 사람은 극소수다. 예술이 감성의 표현이 아니고 이성의 다름 아닌 지적 소산물이 되었다. 문인화는 삶의 바닥에서 일어나는 현장의 이야기를 가면 뒤로 숨겨버린다. 신윤복은 바로 선비 문화의 뒤안길로 사라져버린 것을 용하게 끄집어내어 그의 그림에서 보여주었다. 선비들의 또 다른 모습인 한량이 빈둥빈둥 세상을 살아가는 그늘진 삶의 한 자락을 소재로 그림을 그렸다.

한량과 기녀를 소재로 삼은 이유는 무엇일까? 어쩌면 이들은 서민으로 분류하기에는 어려운 계층이다. 그들을 긍정적으로 평가한다 해도, 현실사회를 구성하기 위해서 양념처럼 필요한 존재 정도일 것이다. 생활의 고달픔을 잠시나마 잊을 수 있도록 웃음을 주기 위해서 아닐까? 그들은 삶의 실재도, 가치관의 실재도 아니고 다만 웃음만 주는 상상의 존재들이기 때문이 아닐까? 그렇다. 신윤복의 그림에는 무언가 웃음이 흘러나오는 해학미가 있다.

단오풍정端午風情을 보면 치마를 펄럭이며 그네를 타고, 개울에서 허벅지를 드러낸 여인네가 목욕을 한다. 바위 뒤에 숨어서 훔쳐보는 총각들은 우리에게 미소를 자아내게 한다. 추사라면 감히 상상도 못할 소재이다. 그런데도 웃음이 나온다. 무슨 이유일까? 이 그림에는 우리의 가슴에 가득한 우리의 정서가 들어있기 때문이다. 해학미라고 한다. 가난과 억울함으로 한이 맺힌 삶을 살았던 초야의 백성들이 한을 삭이는 방법이 해학이다. 기녀와 한량들의 일탈된 모습에서 웃음을 흘리는 것은 우리의 마음속에 드리운 그늘에 빛을 주기 때문이다. 신윤복의 그림은 바로 그림자를 지우는 빛의 역할을 하기 때문이다.

우리는 즐거움과 슬픔의 감정을 웃음과 울음으로 나타낸다. 인간에게 웃음과 울음은 내적이고, 정신적인 것이 육체적으로 표현되는 인간 존재의 거울이고, 계시라고 플레스너가 말하였다. 너무 기쁠 때 눈물이 나듯이 우리의 웃음과 울음에는 이중적인 감정이 들어있다. 해학미는 단순히 즐거움을 표현하는 육체적인 징표로서만이 아니다.

슬픔을 삭이는 묘약의 의미가 들어있다.

한국의 미를 따질 때 흔히 한의 미, 비애의 미를 꼽는다. 그러나 김홍도와 신윤복의 그림에서 느끼는 한국의 미는 바로 해학미이다. 서양미술의 풍자가 사회의 빗나간 현상을 비꼬는 형식으로 꼬집는 것이라면 익살스러움이 바탕인 해학미는 아름다움이 느껴지는 차원 높은 미학이다. 김삿갓에서도 신윤복의 그림이 주는 해학미를 만날 수 있다. 에로티시즘으로 포장한 외피와는 달리 인간에게 내재된 본능적 놀이를 이용하여 한을 탈출하려는 무위적인 자유로움이 있다. 서양의 해학이 풍자를 통한 반항의 미소인 것과는 근본적으로 차이가 난다.

신윤복의 그림을 관통하고 있는 한국적인 미, 즉 해학미는 판소리에서도, 호작도의 민화에서도 만날 수 있다. 인간살이의 온갖 애환을 웃음에 담아서 포용해버리는 우리 예술미학의 특성은 신바람 나는 풍물놀이에도 나타나 있다. 우리 소리의 미학을 다룬 영화 〈서편제〉에 이런 장면이 나온다. 떠돌이 소리꾼인 유봉의 가족이 시골장터에서 소리마당 한마당을 벌였지만 서양에서 들여온 영화라는 오락물에 관객이 몰려가는 아픔을 겪는다. 집으로 돌아오는 길에 마을 입구에서 한바탕의 풍물놀이를 〈아리랑〉 가락에 담아서 펼친다. 슬픔이라고는 눈꼽만큼도 느껴지지 않는다. 흥겨움만 넘쳐난다. 아리랑 가락이 절대로 한의 가락, 슬픔의 가락이 아님을 보여주고 있다.

신윤복은 그림의 소재를 기녀와 한량이라는 도덕적이지 못한 인물을 다루었기 때문인지는 모르지만 인간으로서는 폄하당하였다. 그래서 겨우 200여 년 전의 인물인데도 '생몰연대 불명'이라는 안개 속의 삶의 행적을 남겼는지 모른다. 그러나 일본 사람 야나기가 우리에게 ‘비애의 미’라고 씌워놓은 굴레를 벗겨준 사람은 수많은 일화와 행적을 소상하게 남겨놓은 사대부 인물들이 아니다. 생몰연대 불명인 무명화가들이다. 여자로 둔갑하여 프로노 영화의 주인공이 되어버린 신윤복이다.

그냥, 변명해주고 싶어서

진주의 법원을 나서는 네 사람은 의기양양하여 활짝 웃고 있었다. 500만 원의 벌금형을 대신하여 노동으로 때우기 했다는 사진 설명과는 어딘가 어울리지 않는 모습이다. 왠지 웃음소리에 묻혀서 누더기가 된 우리 역사의 자화상을 보는 것 같았다. 더 나아가 대한민국에 태어나서 목숨 부지하여 살아가는 우리의 자화상을 보았다.

이당 김은호는 구한말에 인천에서 태어났다. 집안이 몰락하자 서울로 올라온 그는 인쇄소에서 종일토록 납활자나 만지면서 생활을 꾸려갔다. 측량기사의 보조원이 되어 무거운 기계를 메고 따라다니면서 고달픈 삶을 이어갔다. 1912년에 가슴속에 숨어있던 그림에 대한 열정이 그를 서화미술회의 미술 강습소로 안내했다. 당대를 주름

잡던 화가인 조석진과 안중식의 지도를 받으면서 그의 숨은 재능이 꿈틀거리면서 빛을 발하였다.

세필로 묘사하는 인물화에 재주가 돋보였다. 고종과 순종의 어진을 그리는 어진화가가 되면서 명문세가의 인사들로부터 초상화를 주문받았다. 인쇄소의 직공이 장안에서 알아주는 유명화가가 되었다. 유명해졌더라도 그는 어디까지나 이 땅에 살고 있는 화가일 뿐이다.

이당이 이름을 날리면서 살았던 이 땅은 일본사람들이 지배하던 시절이었다. 이 땅의 가난한 사람들은 돈을 주고 그림을 살 형편이 못 되었다. 겨우 목판으로 찍은 세화나 부적을 한두 장 푼돈으로 사는 것이 고작이었다. 큰마음 먹고 사는 그림이래야 시골 장날 막걸리 한잔에 거나해진 떠돌이 화가가 쓱쓱 그려주는 혁필 문자화 정도였다.

화가라면 떠돌이 화가로 살아가기보다는 이름을 얻어서 그림값을 비싸게 받고 싶을 것이다. 이것조차 부정하고 오로지 예술을 위해서, 정의를 위해서라고 말한다면 그건 위선이다.

3·1운동 때는 독립선언서를 비밀리 배포하다 체포되어서 옥살이도 하였다. 화가로서 명성이 쌓아가자 조선의 명사들이 비싼 돈을 주고 그림을 사갔다. 그뿐 아니고 총독부 관리들도 찾아와서 도움을 청했다. 그림도 부탁했다. 총독부의 부탁을 거절할 수 있었을까? 그가 먼 미래를 예측하여 총독부의 요구를 거절하였다면 얼마나 좋았을까. 나도 안타깝기 한량없다.

강요배는 제주도의 현대사를 그림으로 그려서 유명해진 화가이다. 민중의 자유를 위해서 봉기했던 거룩한 농군을 무지막지한 지배자가 반군폭도들이라 하여 수없이 죽였다. 그때의 죄목이야 '치안을 어지럽히는 역도들'이었다. 그러나 세월은 다시 그들을 억울한 희생자로 만들었고, 이제는 투사가 되었고, 영웅이 되었다. 그렇지만 그들은 한라산으로 들어갔기 때문에 토벌 대상이 되어서 죽었다는 것은 분명하다. 세월 탓에 역도에서 투사로 바뀌었지만 언제 다시 역도로 뒤바뀔지는 아무도 모른다. 세월이란 본래 그렇기 때문이다.

우리는 스스로를 위해서 정의를 만들어 이용한다. 그리고는 내가 살아남는 것은 아닐까. 강요배도 자신이 화가로 살아남기 위해서 한라산에 누워있는 백골들을 민주투사로 이용한 것은 아닐까. 아니겠지. 그렇지만 그럴 수도 있다는 생각도 든다.

해방이 되었을 때 이당이 얻은 또 하나의 이름은 친일화가였다. 따지고 보면 우리의 회화사에서 선전에 참여한 화가들도 친일화가이다. 사변통에 월북한 화가들도 이런저런 이유로 제외했다. 누가 남게 될까. 강요배가 남을까. 1980년대의 민중화가들만 남을까.

어쨌거나 이당은 양성한 수많은 제자들 때문인지는 몰라도 우리 회화사에서 거목으로 살아남았다. 실제로 그를 빼고 나면 우리 회화사에 구멍이 날 정도이다.

진주의 논개 사당에 모실 영정을 그린 것도 그였다. 친일화가가 그렸다 하여 영정을 훼손한 사람들이 재판에서 500만 원의 벌금형을 선고받고 자랑스럽게 웃고 있는 것이다.

오원 장승업은 전라도 부자로부터 그림을 그려달라는 부탁을 받고 그 집에 머물고 있었다. 마침 그때 동학군이 들이닥쳤다. 오원을 향해 칼로 내리치려는 순간, 동학군의 우두머리가 한마디 내뱉었다.

"살려두어라. 환쟁이란 벼슬아치나 부자에게 빌붙어서 기생충처럼 살아가는 불쌍한 족속들이야."

3·1운동 때는 독립선언서 때문에 옥살이를 한 이당이 친일화가로 변신한 여정이 안타깝기 그지없다. 그러나 그를 욕하기 전에 조선 땅에 태어나서 조선의 역사 속에 살 수밖에 없었던 환쟁이의 모습, 아니 우리의 모습은 아닐까 싶다. 그렇다면 동학군의 우두머리가 훨씬 더 인간답다.

다시 세월이 지나면, 법원을 나서면서 활짝 웃는 자랑스러운 모습이 세상을 편협하게 바라본 부끄러운 얼굴로 바뀌지는 않을까?

문학적 인간 퇴계

"속세의 인연을 끊으면 즐거운 일이 어디에 있겠는가? 늙어서 경서를 읽고, 벼루에 불을 부어 한가하게 쓴 시를 종이에 옮긴다면 남이야 무어라든 즐거운 일이 아니겠는가." 퇴계의 시다. 나이가 들어서 속세의 욕망을 끊고 고향의 산골에 은거하여 가난하더라도 유유자적하며 사는 일이 즐겁다는 술회이다. 그의 시에서는 인간 퇴계이기보다는 흔히 높은 선비高士라고 부르는 신선의 면모가 느껴진다.

퇴계는 시만이 아니고 편지글도 수없이 많이 남겼다. 편지글은 어떤 연유인지 문집에는 거의 실려 있지 않다. 편지글을 배우면서 선생은 신선이 되어서 우리와 별개의 세상에서 사는 분이 아니구나 싶었다. 오늘 아침에도 만나서 서로 인사를 나누었던 이웃 분과 같구나 싶었다.

둘째 아들이 외가인 의령에서 외종조모를 모시고 살다가 스물 나이에 죽었다. 꽃 같은 아내를 청상으로 남기고 이 세상을 떠나갔다. 홀로 된 며느리에게 쓴 연민이 넘치는 편지글을 읽으면 가슴이 찡해진다. 그 며느리가 재가를 하였을 때 양반 가문의 며느리가 재가를 하니 부끄러워서 고개를 들 수가 없다는 한탄도 있다. 연민과 체면 사이에서 괴로워하는 인간의 모습이 편지에 잘 나타나 있다.

57세 때인 1557년의 2월에 서울에 있는 큰아들이 의령으로 내려갈 때 쓴 편지에도 아버지의 안타까운 심정이 잘 담겨있다. "내려가거든 외숙모 집에 가서 동생의 제사에 꼭 참석하거라. 평상시에는 가족들이 참여하지 못하고 노비들에만 맡겨두었더니 제사를 거른 해도 있다고 하니 이렇게 답답한 가슴을 어찌할꼬." 하였다. 다른 편지를 읽어 보면, 안타까운 마음과는 다르게 안동으로 위패를 모시지 못한 채 아내도 떠난 땅에 외롭게 남겨 둔 이유는 재산의 상속 문제 때문이 아닐까 하는 의구심을 일으킨다.

퇴계 선생은 맏아들에게 540여 통의 편지를 남겼다. 그중에 겨우 40통만 퇴계 문집에 수록되었다. 수록된 것도 발췌한 것이 대부분이고, 내용은 천편일률적으로 도학적이다. 그러나 앞에서 읽어 보았듯이 문집에 실리지 않은 편지에는 인간적인 고뇌의 모습이 적나라하게 나타나 있다.

영남대의 이수건 교수가 퇴계 선생의 글을 연구하면서 희로애락을 가진 인간의 모습으로서 퇴계를 발표한 일이 있었다. 후손들이 들고 일어나서 할아버지를 욕되게 하였다면서 가만히 두지 않겠다고 으름

장을 놓았다는 일화도 전해 온다.

만약에 인간에게서 인간의 모습을 없앤다면 이미 그는 사람이 아니고 신이다. 도산에서 멀지 않는 외내 마을은 광산 김씨의 집성촌이다. 퇴계의 제자로서 이 마을 출신의 한 분이 죽고 난 후에 문순공이라는 시호를 받았다. 문중에서 문집을 내려 하였더니 퇴계의 후손들이 '제자가 감히 스승과 같은 시호를 받을 수 있느냐.'며 반발하는 바람에 문집을 내지 못한 일화도 전해 온다. 선생이 저세상에서 이 소식을 들었다면 무어라고 말씀을 하셨을까? 틀림없이 내가 그의 스승임이 자랑스럽다고 하였을 것이다.

퇴계는 우리나라 철학사에서 태두 같은 존재가 됨으로써 현실의 면모는 잃어버리고 철학적인 인간으로 재탄생하였다.

이미 신으로 등극한 석가도 장가들어 아이를 낳고 우리처럼 살았다. 인간의 삶이라면 피할 수 없이 떠안아야 할 고통과 괴로움에 젖어 회의하면서 살았다. 그러나 그의 추종자들이 절대자로 둔갑시켜 정수리에 살상투까지 만들어 주었다. 그때부터 우리의 곁을 떠나 저 높은 곳에서 내려다보는 종교적인 존재가 되어 버렸다. 그는 아마도 인간의 모습을 벗어났음을 슬퍼하면서 지내고 있으리라는 것이 나의 생각이다.

나는 퇴계의 편지를 공부하면서 아들의 벼슬길을 걱정하는 아버지를 보았다. 재산 문제로 처남을 나쁘게 말하는 모습도 보았다. 손자가 공부를 게을리한다면서 못마땅해 하는 할아버지도 보았다. 소작료로 받은 곡식을 베로 바꾸어서 손해를 끼친 노비에게 화를 내는 평범한 인간의 모습도 보았다.

편지글에는 시와는 전혀 다른 또 한 사람의 퇴계를 만난다. 감정의 파도가 끊임없이 밀려오고, 쓸려가는 우리네의 삶이 그의 편지글에서도 고스란히 담겨 있다. 그는 결코 도학을 하는 철학적인 인간이 아니고 문학적으로 살고 있는 우리 이웃이다. 현실의 욕망을 끊지 못하면서도, 또 한편으로 벗어나려 몸부림치는 모습이 시와 편지글에 잘 나타나 있다.

유학자들은 세상살이를 하면서 나아가고, 물러감을 물 흐르듯이 하는 것을 지표로 삼고 있다. 인생살이에서 현실의 삶도 소홀히하지 않는다는 뜻이다. 그런데도 후손들이 사람의 모습은 지워버리고 신선의 모습으로 만들어 놓았다.

퇴계 선생이 과연 그것을 바라고 있을까?

수강신청

개강날이 바로 코앞까지 다가왔다. 학사행정이나 강의 일정이 모두 인터넷을 통하여 고시되므로 자칫 마음을 놓고 있으면 놓치기 쉽다. 1학기 때는 반드시 들어야 할 과목을 수강신청하지 못하여서 2학기 때 몰아쳐서 듣느라 혼쭐이 났다. 하기야 강의 내용에 대한 정보가 없으니 서둘러서 수강신청하는 것도 내키지 않았다.

교수실 조교인 박 선생이 전화를 하였다. “선생님, 수강신청하셨어요?” 한 번도 고시한 날에 신청을 하지 못해서 이번에 꼭 제 날짜에 하려고 벼르고 있었다. 일찍 교수님들의 강의 과목을 점검하고 수강할 과목을 정해두었다. 인터넷에도 몇 번이나 들락거리면서 수강신청에 대한 공고가 나왔나를 살펴보았다. 그런데 또 날짜를 놓친 것 같다. "선생님, 날짜가 이미 지났어요. 개강하고 나서 추가 신청할 때 하세요." 하였다. 이러다가는 졸업할 때까지 제때에 하기는 힘들 것 같다.

대학원에 적을 둔 게 학구열이 불타올라서라기에는 솔직히 말해서 부끄럽다. 그렇다고 장래에 좋은 직업을 택하려고 이를 악물고 공부하려는 것은 더더군다나 아니다. 그래서 요즘에는 공부에 회의를 느끼기도 한다.

특히 지난번에 서양미술사 시험을 치르면서 답이 떠오르지 않아 낑낑거릴 때는 더 그랬다. 한 학기 동안에 기억해두어야 할 화가의 이름이 거의 200명이나 되었다. 세계 각국의 이름들이 무질서하게 뒤섞여 있으니까 백화점에 진열된 상품처럼 요란하다. 이름 외우는 일이 결코 쉽지 않았다. 이름만으로 시험을 치르면 그런대로 조금은 자신이 있다. 나는 역사 시간에 이름과 연대를 외우는 데는 자신이 있었다.

슬라이드로 그림을 보여주고 화가의 이름을 쓰고, 작품이 어느 유파에 속하는지 분류하고, 의의를 쓰고…….

그림과 화가가 아예 연결이 되지 않는 것은 일찌감치 내가 모르는 문제라고 판정이 난다. 답 쓰기를 포기해도 억울한 마음은 하나도 없다. 그러나 화가의 이름이 머릿속에서 잠자리처럼 맴돌기만 하다가, 겨우 인심을 쓰듯이 입 속까지 내려와서 빙글거리기만 할 뿐 입 밖으로 나올 기미는 보이지 않는다. 아예 포기하는 경우에는 마음이라도 편하다.

시험이 시작하기 전에 칼바람을 날리듯이 책장을 넘기면서 기억력을 점검할 때는 분명히 내 머릿속에서 얌전하게 불러주기만을 기다리고 있었다. 그 이름이 도무지 떠오르지 않는다. 주인의 안타까움은 아랑곳없이 저 혼자서 어디를 쫄랑거리면 외출하였는지 돌아올 생각도 하지 않는다. 그 문제는 시험지의 답안지를 마지막으로 메울 때까지 나를 몇 번이나 그곳으로 불렀다. 주인도 없는 빈자리를 흘깃 바라보고 다시 다른 문제를 돌보려 얼른 자리를 옮겼다. 설마 시험이 끝날 때까지는 외출에서 돌아오리라는 기대를 하고 있었다. 그만큼 그 이름은 내 기억의 바로 곁에 머문다는 느낌이었다. 끝내 내 기대를 저버리고 귀가하지 않았다.

시험지를 제출하고 나서 엎드려 있었던 허리를 힘껏 펴느라 두 팔을 들어 올리는 순간에 '아, 맞다!' 그때서야 이 녀석은 자기가 없는 사이에 어떤 북새통이 있었는지는 관심도 없는 듯이 어슬렁거리면서 돌아왔다. 렘브란트가 그린 그림 〈돌아온 탕자〉에는 거지꼴이 되어 돌아온 아들을 따뜻하게 맞아준다. 나는 도저히 그런 기분이 되지 않았다.

예전에 암기력 하나는 자신하고 있었다. 우리가 학교를 다닐 때는 역사 공부란 이름과 연대를 외우는 것이 전부였다. 책을 두세 번만 읽으면 아주 정확하게 그리고 아주 오랫동안 뇌신경 속에 이름이 각인되었다. 목판에 새겨둔 글자가 시간이 지나도 마멸되지 않는다. 내 기억도 그랬다. 필요할 때 불러내면 착한 시종처럼 내 기억의 방으로 와서 대령하였다. 은퇴를 하고 내가 선택한 과목이 미술사인 것도 기억력 때문에 가까워진 역사가 큰 역할을 하였다.

늦게 돌아온 화가의 이름을 두고 나를 질책하였다. '너도 이제 머리가 썩었구나. 한물간 생선 꼴이 되었구나.' 귀가한 탕자를 따뜻하게 맞아 줄 마음의 여유를 가질 수가 없었다. 시간 앞에 허물어져가는 내 모습을 수용할 만큼 너그러워지지 않았다.

이번 학기의 수강 과목을 점검하면서 시험을 치르는 과목은 제외하기로 하였다. 대학원이면 자료를 찾아서 논문 형식의 글을 발표하는 공부를 하여야지, 대학입시를 치르듯이 시험을 치다니! 나는 키가 모자라서 포도를 따지 못한 여우가 되어 시험 험담이나 하였다.

"네, 선생님. 개강하는 날 나오셔서 추가 신청을 하면 됩니다."

박 선생은 몇 마디 안부의 말을 더 전하고는 전화를 끊었다.

시험 과목을 나무라기보다는 세월 앞에는 무력한 인간의 숙명을 불평 없이 받아들이는 훈련부터 해야겠다.

황진이의 남자들

서양의 클레오파트라와 중국의 양귀비에 필적할 만한 한국의 미인은 누구일까? 나는 주저 없이 황진이를 꼽는다. 춘향이도 있지만 그녀는 아무래도 가공의 인물이니까 그리 무리한 선택이 아니다.

클레오파트라의 주변을 서성거린 남자는 시저와 안토니우스이다. 모두가 영웅들이지만 권력지향적인 인물이다. 양귀비에게는 권력의 최고봉인 당 황제가 있다. 권력을 향해 전쟁도 불사한 안록산도 있었다. 그러나 황진이의 주위를 맴돌았던 사람은 권력을 누린 사람이기보다는 오히려 소외당한 사람들이었다. 클레오파트라와 양귀비의 남자들과 달리 황진이를 호강 한번 시켜주지 못한 남자들이다. 황진이를 기방으로 내몰았던 이웃집 총각도 상사병으로 목숨마저 잃을 만큼 나약하였으니 안토니우스나 안록산과는 비교도 안 된다.

전해오는 말대로 황진이가 황 진사 댁의 교양 있는 규수였다면 머리를 깎고 여승이 되는 것이 옳지 않았을까도 싶지만. 어쨌든 그녀는 엉뚱하게 기녀의 길을 택하여 나를 실망시켰다. 뒤집어 생각해 보면 처녀 때 황진이는 양반 가문의 구중궁궐에서 현모양처의 수업을 받았다기보다는 담 너머로 지나가는 총각에게 눈웃음을 지으면 교태를 부리지 않았나 싶다. 그가 남긴 정감 어린 시들이 그런 생각을 하게 해준다. 이웃집 총각과 그렇고 그렇다는 소문이 돌아 시집갈 길도 멀어지니까 에라 모르겠다, 하는 심정으로 기생이 되지 않았을까.

푸른 산 깊은 계곡을 내달리는 골짜기 물이라면 유행가 가사처럼 뜨내기 손님이 틀림없다. 그런 벽계수라는 사람의 소매를 붙잡고 유혹하는 솜씨가 가히 일품이다. 한번 흘러가버리면 돌아올 수 없으니 질탕하게 놀다 가세요라고 읽히는데, 깊은 서정이 담긴 애정시로 칭송을 받는 것은 황진이로서 과분의 행운이 아닐까.

벽계수라는 분이 왕실의 귀한 분이라고 하지만, 조선시대의 왕족은 거개가 실권에 밀려나서 무위도식하면서 세월을 보냈다. 기방을 찾아 허송세월을 하는 것을 풍류라고 하였다. 어쨌거나 기방에서는 고급 손님이 틀림없다. 그런 벽계수를 단골로 붙잡으려는 황진이의 염원이 눈물겹다.

이후에 황진이는 장안에서 노래 잘하기로 소문이 난 이사종이라는 분을 만난다. 관직도 선전관이라는 꽤 높은 벼슬아치였다. 그 시대의 풍습대로라면 첩살이로 들어가서 정식으로 가족의 대우도 받지 못하고 살아야 한다. 그러나 계약 결혼이라는 기발한 제안을 하여 성공한다. 남자 편에서 보면 경제적인 부담도 있겠다, 곁다리 가족을 두어야 하므로 아내의 눈치도 봐야 하는 골치 아픈 일도 없겠다, 세월이 지나 애정이 식어지거나, 나이가 들어서 성적 욕구를 채워주는 효용에도 쓰임새가 없어질 때 물러나 주는 계약이라면 쌍수를 들고 환영할 일이 아닌가. 말하자면 현실에서는 있을 수 없는 꿈의 여인이라는 뜻이다. 남자들이 현실에서 구할 수 없는 여인을 가공의 이야기로 만들어서 대리만족을 얻으려 한 것이 아닌가 하는 생각이다. 왜냐하면 이사종이라는 분은 어느 기록에도 찾을 수 없는 가공의 인물이라고 하였다.

황진이의 '전설'을 분석해 보면 성애 앞에 고개를 숙이는 남자를 부지기수로 경험하고 성의 위력을 과신하게 되었다. 기고만장해진 황진이는 30년 동안이나 여체를 멀리 해온 지족선사라는 분에게 도전장을 보낸다. 불쌍하게도 지족선사는 황진이의 주변 남자 중에 가장 나쁜 평가를 받는다. 나는 그렇게 생각하지 않는다. 적막한 산사에서, 비가 부슬부슬 내려 정취가 넘치는 밤에 얇은 옷이 물기에 젖어 맨살이 그대로 드러난 옷을 입은 아리따운 여인이 찾아왔다고 상상해보자. 그것도 눈웃음을 치면서 교태를 곁들여 접근해 왔다면, 시도 읊고―, 내가 지족선사라면 백 번도 더 유혹에 넘어갔으리라.

원효대사는 일부러 물에 빠져 젖은 옷으로 요석 공주를 찾아가서 유혹한다. 마치 황진이처럼 성공한다. 원효대사는 조선 최고의 선사로 대접을 받는 반면에 지족선사는 가혹하리만큼 심한 비난을 받는다. 평가의 잣대가 아주 불공정하다. 지족선사는 남자를 유혹하는 것을 업으로 삼고 있는 기녀에게 유혹당함으로써 황진이의 자존심을 한껏 높여 주었다. 자신을 희생하면서 베풀어준 배려가 선사답다는 생각이다.

≪삼국유사≫에 나오는 박박과 부득의 설화에서도 관음보살의 미인계에 여자를 매정하게 몰아낸 박박을 칭찬하기는커녕 메마른 마음을 깨우쳐주는 부처님의 뜻을 읽어야 한다. 그 깊은 뜻을 헤아리지 못 하고 기고만장한 황진이는 아무래도 지족선사보다 한 수 아래인 듯하다.

화담 선생은 현실을 중시하는 유학자답게 황진이의 눈물겨운 유혹을 거부함으로써 자신의 명예를 지켜낸다. 남자의 유혹을 평생의 업으로 살아온 황진이가 느낀 좌절감은 얼마나 컸을까? 틀림없이 비참한 심정이었으리라. 그러나 황진이는 엎드려 절하면서 당신을 존경한다고 하였다. 기녀로서의 굴욕감을 슬쩍 감추는 임기응변술이 놀랍다. 생각건대 화담 선생은 승리자의 기분이 되어서 황진이에게 기녀로서의 삶이 아닌 도학자로서의 삶을 길게 훈시하였으리라, 묵묵히 들어주어 화담 선생의 기품을 살려준 황진이가 화담보다 한 수 위라고 생각한다.

황진이를 연구한 분들의 글을 읽어 보면 황진이를 안개처럼 감싸고 있는 전설적인 일화들, 말하자면 과대평가된 거품을 걷어내고 나면 조선의 보통 기생들이 살았던 그런 삶을 살았다고 한다. 가난한 말년을 보내다 정말 거품이 스러지듯이 소문 없이 죽었다고 하였다. 황진이가 퇴기가 되어서 끼니를 거르면서 살아갈 때 벽계수와 화담을 위시한 주변의 남자들이 따뜻한 애정을 보내주었다는 기록은 어디에도 없다. 내 좁은 소견으로는 유학자가 아닌 지족선사를 찾았다면 틀림없이 쌀 한 가마니는 보내주었으리라고 믿는다. 황진이의 남자들은 풍류니 무어니 하는 가면을 쓰고 오직 자기의 욕심만 채운다. 그리고는 나 몰라라 하고 등을 돌려버린 사람들이다.

어쩌면 황진이는 그의 시가 말해주듯이 육욕적이고, 정념이 넘치며, 거짓이 없는 여자일지도 모른다. 그래서 좀 더 인간 본래적이고, 솔직함을 가졌을 것이다. 지족선사의 인간다움을 몰라주고 화담 선생의 가식적 명분에 매료되었다는 것이 어딘가 아귀가 맞지 않는다는 생각이다. 황진이가 불행하였다면 바로 이와 같은 이중성이랄까. 잘못된 판단에 기인하는 것이 아닐까. 차라리 '이화우 흩날릴 제'를 노래한 부안의 매창처럼 연약한 척이라도 하였더라면 좀 더 사랑받을 수 있을 텐데, 하는 아쉬움이 남는다.

최근의 연구에서 황진이는 조선 명종 때 불교가 발흥할 기미를 보이자 유학의 도덕적 우위를 선전하기 위하여 선택된 인물이었다고 하였다. 말하자면 화담과 지족선사 이야기는 허구이고, 유학자들이 꾸며낸 이야기라고 하였다. 그렇다면 인간다운 시편을 남긴 황진이는 조선의 유학자에게 희생당한 가련한 여인이라는 생각이 든다.

생각하면 그리운 . . .

조우관鳥羽冠을 쓴 사람

사마르칸트에서 7세기 중엽의 신라인을 만난 일은 뜻밖이었다. 당나라와 교역하던 신라 상인이 서역 땅까지 갔을 수도 있겠지만, 왕궁의 벽에 벽화로 남아 있는 모습은 상인이 아니다. 허리에 칼을 찬 무인이 그곳까지 찾아가기에는 너무 먼 땅이다. 혜초가 거쳐 간 돈황도 아득히 멀어 보이는데 아랄 해 인근의 땅이라면 서천서역이나 다름 아니다. 죽은 자의 영혼이나 가는 서천서역 땅까지 신라의 무인이 무슨 연고로 찾아갔을까?

"얼럴럴 상사뒤여 얼럴럴 상사뒤여. 불쌍하다 오구대왕 불쌍하다 길대부인. 효성스런 일곱째 바리 공주 바리데기. 서천서역 동대산에 약물 뜨러 가더니 죽었는지 살았는지 소식이 없고 이제나 저네나 소식만 기다린다. 불쌍한 오구대왕 불쌍한 길대부인 한날한시에 죽어 혼백이 되었네. 얼럴럴 상사뒤여. 얼럴럴 상사뒤여.”

바리데기 신화는 죽음과 버려진다는 비극적 사건으로 시작한다. 서천서역국은 막연히 서쪽의 어디쯤에 있다고 믿는 땅이지만 사실은 존재하지 않는 땅이다. 상상 속에서나 존재하므로 저승을 일컫는다.

우리 신화에서 바리데기를 그곳으로 떠나가도록 한 것은 죽음을 죽음으로 받아들이려 하지 않는 우리의 욕망을 표현한 것이다. 바리데기는 일곱 자매 중에 막내로 부모에게 버림받는다. 토속 신앙에서 일곱의 수는 생명의 의미이다. 버려졌다는 것은 우리 곁에 존재하지 않는 존재라는 뜻이다. 존재하지 않는 딸에게 서천서역이라는 존재하지 않는 땅에 가서 생명을 구해오는 것이 바리데기 신화이다. 이것은 인간의 욕망이 만들어 낸 환상일 뿐이다. 바리데기 신화의 진실은 인간의 능력 바깥에 있는 운명에 지배당하는 인간의 비극을 역설적으로 보여준다. 그러나 바리데기 무가는 비극을 비극으로 끝맺지 않는다. 비극을 행복으로 바꾸는 반전을 일으킨다. 생명에 대한 강한 욕망이 바리데기로 하여금 바다를 건너고, 눈 덮인 산을 넘고, 메마른 사막을 지나서 서천서역국에 있다는 동대산을 찾아가게 하였다.

조우관을 쓴 신라인이 사마르칸트에 이르기까지 여정을 생각해 보자. 신라 땅에서 장안까지 가기도 수월하지 않다. 장안에서 모래땅과 오아시스와 다시 고비라고 하는 황량한 지역을 지나서 투르판에 이르고, 다시 카슈가와에 이르는 길도 험난하기 이를 데 없다. 불법을 구하러 이 길을 거쳐 간 법현 스님은 여기저기에 구르고 있는 해골이

길잡이가 되었다고 하였다. 다시 수천 미터 높이의 산길을 걸어서 아프가니스탄에 이른 후에는 북쪽으로 향해 파미르 고원과 타클라마칸 사막을 거너는 길은 저승으로 가는 길과 다름 아니다. 나는 조우관을 쓴 사람을 보면서 바리데기 공주가 서천서역으로 갔던 험난한 길이 떠올랐다.

신라인이 이곳까지 찾아간 이유는 무엇일까? '욕망의 부름이 너무 강렬할 때는 환상이 인간의 마음에 희망의 싹을 틔운다.'라고 하였다. 바리데기의 험난한 여정은 생명에 대한, 또는 이상향에 대한 강렬한 욕망이었을 것이다. 서쪽 땅의 어디에 이상향이 있으리라는 인간의 환상이 희망의 싹을 틔웠기 때문이리라.

환상하고, 마침내는 행동으로 옮길 때는 현실에 대한 불만에서 강한 욕망이 솟구칠 때이다. 인간의 삶을 부정한다는 의미이다. 석가는 삶 자체를 고통이라고 하였다. 피할 수 없는 죽음도 고통으로 인식하였다. 신라인들은 극락왕생하는 길을 찾으려 돈황을 지나고, 고비의 땅을 지나고, 천축국에 갔다. 당시의 기록에 의하면 천축으로 떠난 대부분의 구법자는 고향 땅인 계림으로 돌아오지 못하였다. 그래도 죽음이나 다름없는 서역 천축국으로 가는 발길은 끊이지 않았다. 사마르칸트에서 만난, 조우관을 쓴 신라인의 행적에 대해서는 알려진 것이 아무것도 없다. 기록도 없다. 행색으로 보아서 불법을 구하러 간 사람은 아니다. 행적이 남아 있지 않는 것으로 보아서 필경은 구법승처럼 돌아오지 못하였으리라. 그는 무엇을 찾으러 서천서역으로 갔을까? 이상향을 찾아 나섰다면 과연 찾았을까?

꿈을 찾아 나서는 이야기는 서양 민담에도 많다. 무지개는 땅과 하늘을 이어 주는 다리라고 말한다. 무지개를 보고 무지개가 시작하는 곳을 찾으러 나서는 아이에 관한 이야기가 있다. 아이가 아무리 가까이 가려 해도 어느 사이에 무지개는 저만치 멀어져 있더라는 내용이다. 인간의 환상이란 현실에서는 이루어지지 않는다는 것을 말하는 이야기이다. 시시포스 신화도, 프로메테우스 신화도, 무지개를 찾아가는 서양의 동화도 인간의 운명은 비극이다라는 사실을 전재한다. 운명 앞에서는 저항할 수 없다는 절망은 희망의 싹마저 잘라 버린다. 서양의 영웅들은 아무리 저항해도 결코 이길 수 없는 신을 상대로 무의미한 투쟁을 한다. 그리고는 인간이라면 누구라도 짊어져야 할 숙명이라는 형벌을 받는다.

카뮈는 시시포스 신화에서 이렇게 말한다. "신들은 시시포스에게 끊임없이 바위를 산꼭대기까지 굴려 올리는 형벌을 내렸다. 그러나 산꼭대기에 이르면 이 바위는 그 자체의 무게로 말미암아 다시 굴러 떨어지곤 하였다. 신들이 무익하고도 희망 없는 일보다 더 무서운 형벌은 없다고 생각한 것은 일리가 있다."

인간의 숙명은 신이 내린 벌일까? 숙명이 비극이 아닌 축복으로 반전할 수는 없을까?

바리데기 공주 신화는 무가에서는 절망을 희망으로 바꾼다. 꿈을 찾아서 길을 떠나는 행위는 시시포스 신화처럼 무익하고 희망 없는 일의 반복이 아니다. 조우관을 쓴 신라인 앞에 서서 나를 되돌아보았다. 어쩌면 수필 한 편을 쓸 때마다 무익한 작업이라고 회의하고, 펜을 꺾어야겠다고 절망한다. 그림 공부를 하고 있는 이유도 찾지 못하여 회의하고, 그림반 운영이 시원하지 않다고 절망한다. 그러나 수필도, 그림도 버리지 못하고 되풀이, 되풀이하면서 절망만 쌓는다. 나의 삶이 시시포스의 무익한 반복인지, 희망을 갖고 돌아오는 바리데기의 여행길인지조차 가늠하지 못한다.

나와 마주하고 있는 저 신라인도 불법을 구하러 천축으로 떠났다가 돌아오지 못한 구법승처럼 먼 땅에서 고혼이 되었을까? 그러나 천몇 백 년이 지나서 경주땅에서 온 나를 만났으니 설사 돌아오지 못하였다 하더라도 절망으로 끝난 것은 아니다.

나도 지금의 내 삶이 무의미한 반복만 하고 있더라도 절망하지 말아야겠다.

금강산을 다녀와서

금강산을 다녀온 지 석 달이 지났다. 그림 공부를 하면서 조선시대의 화가들이 거의 금강산을 다녀왔음을 알았다. 예전에도 금강산은 그만큼 가보고 싶은 곳이었다. 그뿐 아니라 초등학교 때부터 금강산은 세계에서 가장 아름다운 산이라고 배웠다. 분단된 나라에 살고 있느라 영원히 갈 수 없는 땅이라고 여겨서인지 마음 설렘은 말할 수 없었다.

이번에 대구문인협회에서 특집으로 실을 금강산을 다녀온 글을 부탁하였다. 금강산의 풍광에 감탄을 하고 왔지만 막상 글을 쓰려니 떠오르는 영감이 없었다. 부탁을 받아들이지 못하였다. 지금이야 그렇겠지만, 시간이 지나서 내 감정도 정리가 되고 나면 쓸 수 있겠지. 하면서 석 달이나 흘러 보냈다.

지금 내 머릿속에 선명하게 남아 있는 기억은 금강산의 풍광이 아니고 금강산 기예단의 공연이다. 가득 메운 관중들은 무대의 막이 오르기 무섭게 손뼉을 치고 환성을 질렀다. 일사불란한 배우들의 동작은 신기에 가까웠다. 연출에 따라 한 치의 오차도 없이 공연하는 기예는 아름다움을 넘어서서 경이롭기까지 하였다. 그럴 때마다 관중들은 경탄으로 무아지경에 빠져들었다.

무대의 막간을 이어주는 사이사이에는 어릿광대들이 바보 연기를 펼쳤다. 바보 연기에도 실수 하나 찾아볼 수 없었다. 너무 완벽하다 보니까 슬며시 회의가 들었다. 피에로의 연기에서 실수는 오히려 애교가 될 텐데 싶었다. 나도 모르게 박수를 치고, 소리를 지르고, 경탄의 외마디를 토하느라 언제 공연이 끝이 났는지도 모르게 무대의 막은 내려졌다. 공연장을 나오면서 같은 방에 투숙한 김 선생더러 "정말 잘하네요."라고 말을 하였다.

"그렇습디까. 나는 왠지 모르게 눈물이 날 것 같았습니다."

사실은 내 느낌도 그랬다. 무표정하게 기예를 펼치는 배우들의 모습에서도, 한껏 웃음을 선사하려 애를 쓰는 피에로의 모습에서도 슬픔 같은 것이 내밀하게 느껴지던 참이었다.

"저들이 저 정도의 기량을 익히려면 얼마나 모진 훈련을 하였겠어요. 우리나라 같으면 하기 싫으면 그만두면 되지만, 저 사람들은 그럴 수가 있었겠어요. 우리에 갇혀서 살고 있다는 생각을 하니까 공연히 슬퍼지데요."

나야 그들이 어떻게 훈련을 받고 있는지 세세한 내막까지 모른다. 그런데도 왜 그들에서 우리에 갇혀 있는 동물을 연상하였는지 모를 일이다. 나도 얼핏 그네들이 불쌍하다는 생각을 하고 있었지만 이유까지는 따져보지 않았다.

안내하던 가이드는 우리의 말을 듣고 웃었다.

"선생님, 저 배우들은 이곳에서 최고의 대우를 받고 최상의 생활을 하고 있습니다. 불쌍한 사람들이 아닙니다."

"그래도 배우들이 저 정도의 기량을 익히려면 얼마나 혹독한 훈련을 받았겠어. 공산주의 국가이니까 가능한 일이 아니겠어. 우리나라에서는 어림도 없지."

"글쎄요. 그럴 수도 있겠네요."

가이드는 더 이상 말하지 않았다. 내가 슬픔을 느낀 것은 분명하였다. 듣고 보니 가이드의 말이 맞는 것 같았다. 그런데도 왜 슬퍼졌을까? 어쩌면 저 배우들에게서 내 모습을 바라본 것은 아닐까. 삶이라는 올가미가 나를 꼼짝없이 묶어두고, 생활이라는 기예를 공연하도록 강요당하는 내 모습을 바라본 것이 아닐까? 나도 저 배우들처럼 한 치의 실수도 저지르지 않으려 긴장의 끈을 놓지 않고 살고 있기 때문이 아닐까? 삶의 울타리를 벗어날 생각은 감히 꿈도 꾸지 않고 있다. 그런 나를 잊고 있다가 배우들의 기예를 보면서 문득 슬픈 모습으로 기억해낸 것이 아닐까? 그렇다면 한 치의 오차도 없이 자기의 생활을 성실하게 색칠해 온 사람일수록 더 슬프게 느낄 수도 있겠다.

금강산에 이르는 길의 양 옆으로는 멀리 산 아래에 마을들이 보였다. 초라한 집들이 움막처럼 서 있었다. 군데군데에는 부동의 자세로 서 있는 왜소한 체구의 군인들도 보였다. 저들이나, 우리나, 또 기예단의 배우들이나 올가미에 얽매여 사는 것은 다르지 않다는 생각을 해보았다. 여전히 마음이 무거웠다.

분단선을 넘어 오면서 소설가 한 분이 소감으로 이런 말을 하였다. 도시에 살고 있는 우리가 시골에 있는 못사는 동생의 집을 뒤에 남겨두고 떠나오는 기분이다. "뒤가 자꾸 당기네요." 라고 하였다. 금강산의 빼어난 경관 때문에 찾아갔는데, 소감의 말에서는 금강산의 아름다운 모습은 어느 구석에서도 드러내지 않았다.

지금껏 내가 여행기를 쓰지 못한 이유도 이런 것이 아니었을까? 삶을 훨씬 더 무겁고, 깊은 의미로 느끼고 왔는데 자꾸 산에 대한 글을 쓰려고 끙끙거렸기 때문이 아닐까?

서도역

문학관 답사를 가면 안내자는 으레 "그의 작품에는 민족의 혼이 또는 민족 정서가 담겨 있습니다."라고 소개한다. 그 말을 들으면 나도 모르게 가슴이 찡해 온다. 설명할 수 없는 신비감으로 다가오기 때문이다.

청마문학관에 들렀을 때도 나는 그 뜻을 음미하려 섬들이 흩어져 있는 앞 바다를 물끄러미 바라보았다. 청마의 시심에 젖어보고 싶었다. 그런데도 안내자가 힘들여서 설명하던 그의 연애담만 머릿속을 메웠다. 통영에 들르면 나는 청마보다 오히려 초췌한 모습을 한 이중섭을 떠올린다. 가족도 없이 살다가 6 · 25전쟁을 맞은 그는 통영까지 흘러와서 잠시 머문 일이 있었다. 시장통에 있는 '복자네 술집'에서 들러 몇 시간이고 멍하니 앉아 있었다는 생각을 하면서 나는 저 아래의 시가지로 눈길을 돌렸다. 청마문학관에서 민족 정서를 느끼지 못한 일이 죄스럽긴 하지만, 왠지 나는 실의에 젖어 있는 사람에게서 인간의 영혼을 느꼈다.

큰 강물이 되어서 도도하게 흘러가는 우리 역사 이야기라는 ≪토지≫의 현장에도 여러 번이나 찾아가 보았다. 문학 모임에서 답사를 갈 때도 동행해 보았고, 방문객이 뜸한 겨울에 아내와 둘이서 들러보기도 하였다. 심지어는 내 딸과 새벽 일찍 최참판 댁에 들러 아침 이슬에 젖은 너른 들녘을 내려다보기도 하였다. 최참판 댁의 마당에 서면 자연히 소설의 줄거리가 떠오른다. 머슴과 안방 마님과 관계라든지, 손녀가 역경을 헤쳐나가면서 성공을 거두는 이야기가 아무래도 진실되게 와 닿지 않았다. 그러한 모습들이 내 이웃들이 만드는 삶의 애환과는 동떨어졌다는 느낌이 지워지지 않았다. 도도히 흐르는 대하소설일지는 몰라도 현실에서 마주치는 '혼'이라는 생각이 들지 않았다.

최근에 만든 경주의 '동리 목월 문학관'에 가면 선생의 체취가 물씬 느껴진다. 한국 문단을 쥐락펴락하였다는 이야기를 들을 때는 우선 기가 죽는다. 그들을 추종하는 수많은 제자들이 칭송을 자료로 하여 기념비로 쌓아 올린 전시물들을 보면 문득 박물관에 누워있는 박제된 미라를 보는 기분이다.

영천 땅을 이웃하고 있는 아화에서 발원한 물이 역사의 자취가 묻어 있는 골골의 물을 모아 경주 고을의 초입으로 접어들면 남산과 내남 쪽에서 흘러오는 물을 다시 모아서 큰 내를 만든다. 더 아래로 흐르면 암벽을 만나 굽이치는 곳에 애기청소라는 큰 물웅덩이를 만들었다. 이곳이 바로 김동리의 소설 〈무녀도〉의 현장이다.

내가 어릴 때 이곳에서 무당들이 굿하는 것을 자주 보았다. 둥둥, 가슴을 울리는 북소리와 한 번씩 혼을 흔들던 징소리가 마음 깊숙한 곳에 남아 있다. 나는 왠지 '민족 혼'이라면 이때 내 가슴을 두드리던 소리들이 떠오른다. 애기청소에서 벌이던 굿마당의 사설에는 슬픈 사연들이 많다. '누구네 며느리가 지난밤에 애기청소에 몸을 던졌대.' 라는 소문이 돌면 며칠 지나지 않아서 이곳에서 굿을 하였다. 서러운 삶을 줄줄이 풀어내는 사설이 이어졌겠지만 나는 왜 북소리와 징소리만이 내 영혼 속에 간직되어 있는지 모르겠다.

이번 문학 답사는 최명희를 기리는 '혼불문학관'에 들르기로 하였다. '혼불'이라는 말이 마음을 끌었다. 우리의 땅에 묻어 있는 우리의 슬픈 삶이란 생각이 들었다. "마을 서북쪽으로 흘러내리는 노적봉과 벼슬봉의 산자락"이라는 소설의 초입부가 내가 살았던 고향 땅을 일깨워 주었다. 내 유년이 묻혀있는 시골 마을의 앞산에는 장군뱅이(뱅이는 봉의 경상도 사투리)라는 봉우리가 우뚝 솟아 있다. 여기서 흘러내리는 산자락의 끄트머리쯤에 고즈넉한 우리 마을이 있었다.

그러나 혼불문학관은 고즈넉한 시골 마을의 모습이 아니었다. 우람한 문학관이 노적봉과 벼슬봉의 맥을 끊고 있었다. 최명희가 마지막 눈을 감으면서 "혼불 하나면 됩니다."라고 하였다. 그 말의 의미를 깨닫지 못한 사람들이 작가를 박제하여 지붕이 높은 집 안에 유리벽으로 가두어 버렸다.

'이곳 사람의 만남과 떠남의 애환이 서려 있는 서도역을 마지막으로 찾아보고 오늘의 답사를 끝냅니다. 이 역은 바로 혼불이 타올랐던 현장이기도 합니다. 지금은 기차가 다니지 않아서 녹슨 선로만 지키는 폐기된 역입니다. 인적이 끊어진 지는 오래이지만 혼불을 피워 올렸던 사람들의 역사를 묵묵히 지켜본 증인이기도 합니다. 역 아래 저쪽은 예전에 아랫것들이 살았던 민촌입니다. 우리가 어릴 때만 해도 어른들은 민촌것들 하고는 조우를 하지 말라 하여 그 마을에는 가본 일이 없습니다. 해방이 되고 세월이 바뀌어도 민촌것들은 여전히 천대를 받으며 서럽게 살았지요. 그들은 이 마을을 하나씩, 둘씩 떠나갔습니다. 이 역에서 보따리를 싸 들고, 봇짐을 지고 떠나갔습니다. 그리고 다시는 돌아오지 않았습니다.'

나는 설명을 들으면서 그들이 돌아오지 않는 것은 당연하다고 생각하였다. 설움을 받으면서 살았던 이곳은 그들에게는 잊어버리고 싶은 땅일 것이다. 결코 혼불이 타오르는 땅이 될 수는 없을 것이다. 우리가 서도역을 찾아갔을 때는 역할이 끝난 역사는 정적에 묻혀 아무런 말도 하지 않았다.

얼마 전에 도회지에서 젊은이가 서도역이 있는 마을을 찾아왔다. 동네 할아버지에게 옛날에 민촌이라고 불렸던 마을을 찾는다고 하였다. 할아버지는 젊은이를 보고 그 마을은 이미 오래전에 사람들이 모두 떠나버려서 폐촌이 되었다고 하였다. 그러면서 젊은이는 그 마을을 왜 찾느냐고 되물었다.

"우리 아버지의 고향이래요. 그 마을에 돌아가고 싶다고 입버릇처럼 말하였는데, 얼마전에 그만 돌아가셨습니다. 제가 아버지의 소원을 풀어드리려 찾아 왔습니다." 그랬었구나. 노적봉과 벼슬산의 산자락에 얹혀 있는 서도역은 역사 속에 저문 일들은 잊어버린 듯이 침묵하고 있지만…, 그 뒤안에는 서럽게 살았던 사람들의 삶이 혼불이 되어서 지금도 활활 타오르고 있었구나.

박경리문학관

원주에 있는 박경리문학관을 방문하고서, 〈김약국의 딸들〉이 1962년에 출판하였음을 알았다. 고등학교를 다닐 때(1961-63) 이 소설을 읽고 받은 충격이 너무 커서 지금도 나는 박경리의 대표작으로 매김하고 있다.

부잣집이 서서히 몰락해가는 이야기가 숨이 막히도록 긴장감을 주었다. 약국집 딸과 머슴이 정분나서 도망을 가는 이야기를 받아들이기 쉽지 않았다. 일상적인 삶의 모습에서 벗어남이 한 집안이 몰락하는 상징처럼 느껴졌다. 그때까지만 해도 신분의 벽을 두껍게 인식하던 전통에 내가 깊이 젖어 있었기 때문이리라. 그래서 내 마음을 강하게 흔들면서 기억 속에 오랫동안 저장해두었는지 모른다.

우리 마을에는 동네 어른들이 '천석꾼집'이라고 부르는 고가가 있었다. 부잣집답게 골기와 지붕의 입 구ㅁ자 집이었다. 그때는 이미 담장은 허물어져 있었고, 추녀도 기울어져 있어서 몰락한 부잣집의 처연함이 느껴졌다. 집주인인 친구의 아버지는 구김살 하나 없는 두루마기에 맥고모자를 쓰고 다녔는데 접근하기가 공연히 두려웠다. 친구는 자기의 집이 옛날에 무척 잘살았다는 말을 자주했고, 아버지는 왜정시대에 일본에서 대학을 다녔다는 자랑도 하였다. 나는 그의 어머니가 여럿이라는 사실도 알고 있었다.

고등학교 때는 문학을 한답시고 소설이라면 닥치는 대로 읽었고, 시를 쓴답시고 종이에 끼적거리기도 하였다. 문학적 감성 때문인지 친구가 들려준 이야기는 왠지 슬프게 들렸다. 그뿐만 아니고 그 친구의 여동생이 사춘기를 넘기지 못하고 동네의 남자애와 도망갔다는 사실도 은밀히 알고 있었다. 이런 이유로 김약국의 딸들이 더 깊은 인상을 남겨 주었는지 모른다.

문학관장님은 박경리의 문학세계를 이야기하면서 주로 ≪토지≫에 대해서 이야기해주었다. 토지를 마무리한 곳이 이곳이니 만큼 그러하였으리라. 원주는 그가 태어나서 자란 통영과는 자연환경이 다르다. 거리도 아주 멀리 떨어진 곳이다. 피붙이를 따라서 왔다는 것은 맞는 말일 것이다. 그러나 사람을 기피하고, 은둔하듯이 살았다는 선생님의 생활 모습을 들으면서 나는 또 엉뚱하게 상상의 세계 속으로 여행하였다.

소설 ≪토지≫에는 최 참판 댁의 노할머니가 머슴과 은밀한 관계를 맺으면서 낳은 아들에게 아주 중요한 역할을 맡기고 있다. 그뿐만이 아니다. 주인공 서희도 미천한 신분의 남자를 신랑으로 선택하였다. 박경리의 다른 소설에서도 이와 같은 설정이 있는지는 모른다.

내가 공부하고 있는 심층 심리학에서는 이렇게 말하고 있다. '반복'은 가장 핵심적인 인간의 내면을 보여 주는 단서이다. 소설에서 반복하여 설정하고 있다면 박경리의 내면 속에 잠재되어 있는 그 어떤 핵심이 아닐까 하는 상상을 해 보았다. 나는 펜을 놓고 박경리의 내면을 찾으려 깊은 생각 속으로 빠져 들었다.

스무 살에 결혼을 하여 스물넷에 남매를 둔 어머니가 되었을 때 남편이 죽었다. 유부남이었던 음악 선생님과의 연애는 조그만 포구 도시인 통영을 떠들썩하게 하였다. 모든 비난은 과부인 박경리에게 쏟아졌다. 때 맞추어서 아들은 병으로 어머니 곁은 떠나가 버린다. 쫓기다시피 통영을 떠난 그가 20여 년간 고향 땅인 통영에는 발길을 하지 않았다. 그렇다면 과연 무슨 생각을 하고 있었을까? 여자가 남자를 사랑하는 일이 천형으로 지고 살아야 할 만큼 무거운 죄라고 생각하면서 살았을까?

아닐 것이다. 그는 당시로는 꽤나 높은 서구식 교육을 받은 지식인이다. 남녀 간의 사랑에 대해서는 개방된 생각을 하였을 것이다. 더군다나 전쟁을 치른 후의 한국 사회에는 자유연애 풍조가 만연해 있었다. 그렇더라도 고향 사람의 비난과 아들의 죽음은 그를 크나큰 죄의식의 수렁 속에 빠뜨렸을 것이다. 나는 그랬으리라고 믿고 싶다.

통영을 떠난 후의 그의 발자취를 더듬어 보면 어머니와 딸, 그리고 셋이서 가난을 끌어안고 숨죽이듯이 조용하게 살지 않았는가. 문학관장은 이렇게 말하였다. "너무 숨어서 지내시다 보니, 욕도 많이 먹었습니다. 시장님이 초청하는 행사에도 얼굴을 내밀지 않으니까 아닌 말로, 좀 듣기 싫은 언사도 퍼부었습니다.” 나는 그 말을 들으면서 정치 바닥에서 살아온 시장이라면 욕지거리도 걸직하게 퍼부었으리라는 생각도 들었다. 관장님의 어투에서 짐작이 되었다. “어쩌다 나오시더라도 뒷자리에 숨어 계시듯이 앉았다가 사라지곤 하였습니다.”

주변 사람에게 비친 모습대로라면 유부남인 음악 선생과 어떻게 연애를 할 수 있었을까 싶다. 아무래도 고향 사람들의 비난과 아들의 죽음이 마음의 고통을 감내하는 감옥 속으로 그를 가두었으리라는 생각을 해 보았다. 통영을 떠난 후의 그의 삶에서 자신의 가슴속에서 울려 나오는 죄의식으로 두려움에 떨면서 살았음을 그의 눈빛으로 느낄 것 같다.

대학을 진학한 첫 해의 겨울 방학을 맞아 나는 고향으로 내려갔다. 겨울바람이 무섭게 불던 날 밤이었다. 천석꾼집 친구의 어머니가 나를 조용히 만났으면 한다는 연락이 왔다. 친구 집으로 갔다. 친구 어머니의 눈에는 슬픔과 두려움을 담은 채 형언하기 어려운 표정을 하고 있었다. 내 손을 덥석 잡으면서, “아무리 생각해도 너밖에 믿을 사람이 없어. 부탁이다. 내 말을 꼭 좀 들어주렴. ○○(딸)가 지금 ○○에 있다는 통보가 왔어. 네가 찾아가서 꼭 좀 데려다 주렴. 이건 절대로 소문이 나서는 안 되는 거야. 마을 사람이 알아서는 절대로 안 되는 거야.” 친구의 어머니는 너무 진지했으므로 거절할 수가 없었다. 눈물이 젖어 있는 모습에는 슬픔과 분노와, 부끄러움과 절망이 뒤엉켜 있었다. 부잣집 며느리로 들어와서 딸까지 가출하는 몰락의 마지막까지를 고스란히 겪고 있는 아픔이 느껴졌다.

통영을 떠날 때의 박경리를 생각하면서 나는 문득 친구 어머니의 눈빛을 떠올렸다. 박경리문학관을 기행하면서 인간이란 참으로 많은 폭력으로부터 고통을 당한다는 생각을 하였다. 국가와 정의라는 거대한 이름으로 우리를 수용소로 내몰기도 한다, 그러나 자신이 자신에게 휘두르는 폭력도 잔인하기는 마찬가지라는 생각을 하였다. 양심이라는 죄의식을 통해서 우리를 인간으로부터 소외시키고, 고립시키는 것도 수용소에 가두는 것과 하나 다를 것 없다는 생각이다.

박경리는 삶에서는 고립을 하였더라도 소설을 통해서 자신의 분노를 표현하였다. 신분을 무시한 사랑과 결혼을 그리므로 자신이 하고 싶은 말을 하였다. 그러나 마을 사람이 알까 봐 전전긍긍하던 친구의 어머니가 겪던 아픔은 어떻게 삭혀야 할까. 그냥 자신을 감옥 속에 가두어 두고 살았을 것이다.

머나먼 따둥

시안에서 우리를 안내하러 나온 학생은 고향이 따둥이라고 하였다. 기차를 타고 열여섯 시간을 달려가야 닿을 수 있는 곳이라고 하였다. 우리가 가고자 하는 곳이 바로 대동大同이다.

대동에는 중국 북위 시대에 조성한 운강석굴이 있다. 중국 3대 석굴 중의 하나이다. 중국의 북변에 위치하여 찾아가기가 쉽지 않다. 불교 미술을 전공하는 사람도 그곳을 다녀온 사람은 많지 않다. 그런 곳이니 내가 알고 있는 것이라고는 책을 통하여 얻은 지식이 고작이다. 세세한 것까지는 알 리가 없다. 더욱이 대동이라는 도시는 전혀 모르고 있었다. 산서성의 성도인 태원이라는 곳에서 멀지 않으리라는 생각만 하였으나 여기서도 기차로 여섯 시간 걸리는 길이라고 하였다.

우리 일행 세 사람은 열 시간이 걸린다는 태원까지는 밤 늦게 침대차를 이용하였다. 태원에서는 승용차로 가는 것이 시간을 단축한다. 인도에서 침대차로 밤새 달려 본 경험이 있다. 여기서도 똑같은 경험을 맛보았다. 발 디딜 틈도 없이 사람들이 몰려 있는 것이라든지, 3층으로 된 침대차를 기어 오른 일이며, 너무 피곤하여 덜커덩거리는 기차의 소음은 아랑곳없이 날이 샐 때까지 곯아떨어진 것까지도 모두 같았다.

태원은 수 왕조와 당 왕조의 왕족들이 근거지로 삼았던 곳이다. 그들은 여기서 출발하여 중국을 통일하였다. 대동은 여기서도 더 북쪽이어서 내몽고와 접경하고 있다.

중국이 한나라가 망하고 전란에 휩싸이자 북방의 호족들이 중국대륙으로 쳐들어 왔다. 다섯 종족의 오랑캐가 열여섯 나라를 세웠다 하여 이때를 오호십육국 시대라고 한다. 북방의 선비족이 세운 북위도 열여섯 나라 중에 하나이다. 북위는 그냥 거품처럼 일어났다 흔적없이 사라진 나라들과는 다르다. 중국의 북방을 통일하여 꽤 오랜 시간 동안 통치하였다. 북위에서 북주로, 다시 북제로, 그리고 수와 당으로 이어지면서 중국은 재통일되고, 찬란한 문화가 꽃피었다. 이러한 역사의 뿌리는 당연히 북위이다.

이들이 갖고 온 불교 문화도 수와 당으로 계승되어서 중국 불교문화에 미친 영향은 아주 크다, 그 한가운데에 운강석굴이 있다. 그래서 나는 오래전부터 가보고 싶었다.

승용차로 태원을 벗어나자 고속도로가 시원하게 뚫려 있었다. 다니는 차들은 한산하였다. 교외에는 한없이 넓은 평원이 펼쳐졌다. 칠

월의 따가운 햇살 아래서 농작물은 푸른 윤기를 뽑아 올리면서 온 들을 가득 메웠다. 들녘이 끝날 즈음의 아득한 곳에는 산들이 안개에 묻힌 듯이 희미한 모습을 드러냈다. 평야가 이렇게 넓으니까 수와 당이 나라를 세우는 근거지가 될 수 있었다는 생각이 들었다.

동행하는 이 교수님이 가물가물하게 보이는 산을 가르치면서 "저 산이 항산이야."라고 하였다. 일제시대에 조국의 독립을 위하여 중국으로 건너왔던 조선의 청년들이 모택동에게 몸을 의탁하였다. 모택동이 장개석에게 쫓기면서 그들은 변방의 땅인 이곳까지 흘러왔다. 바로 항산에서 마주친 모택동군과 토벌군인 장개석군이 치열한 전투를 벌였다. 이 전투는 중국 역사서에도 언급을 하는 유명한 항산 전투이다. 수많은 병사들이 목숨을 잃었다. 그 가운데에는 조선의 독립을 위하여 총을 잡았던 조선의 청년들이 왜 죽어야 하는지도 모른 채 수없이 죽어갔다. 지금도 흐릿하게 보이는 저 산의 골짜기에는 조선 청년들의 원혼이 떠돌고 있음을 생각하니 가슴이 찡해진다.

들판에는 농작물이 자라지 않아 땅은 점점 거칠어지고, 어느 결에 길의 양 곁으로 바짝 다가와 있는 산줄기에는 나무 하나 없는 민둥산이어서 황량하기 이를 데 없었다. 산 능선에는 옛 성의 흔적이 끊어질 듯하면서 이어지고 있었다. "만리장성이네." 김 총장님이 소리쳤다. "아니야, 만리장성은 여기서 훨씬 더 남쪽에 있어." 중국학과 교수인 이 교수님이 가르쳐 주었다. 이 산을 넘어가면 새외 지역이라고 하여, 옛 중국인들은 자기의 땅이 아니라고 하였다. 말하자면 이 산을 넘어가면 북방의 오랑캐가 사는 땅이었다. 이 산의 줄기가 중국 땅을 지키는 요새지인 셈이다. 자동차가 산 아래에 바짝 다가가자 커다란 터널이 입을 벌리고 있었다.

긴 터널을 벗어나자 다시 산줄기가 아득하게 멀리 보이고, 너른 평원이 가없이 펼쳐졌다. 농작물이 너른 들녘을 가득 메운 대신에 작은 나무들이 숲을 이루었다. 숲 사이에는 드문드문 농토가 조성되어 있었고, 푸른 작물이 자랐다. 마을은 눈에 쉽게 띄지 않았다.

겨울에는 온 천지가 눈으로 뒤덮이고, 기온은 영하 30도까지 떨어진다던, 시안에서 만난 학생의 말이 떠오른다. 이곳이 바로 왕소군이 한나라를 떠나서 흉노에게 시집갈 때 조국의 땅을 뒤돌아보고, 뒤돌아보면서 떠나갔다는 땅인가 보다. 호마의 긴 울음만이 멀리멀리 퍼져나가면서 거친 바람이 불 때마다 황량한 들판에는 슬픈 기운이 가득하였다는 그 땅인가 보다.

대동시는 인구 200만이 가깝다는 대도시라고 하였지만 어딘가 황량해 보였다. 시의 외곽지에 군데군데 쌓여 있는 석탄 더미는 왠지 도시 전체를 회색빛으로 물들게 하는 것 같았다. 이곳 특산물이라는 당나귀 고기로 늦은 식사를 하고 계산대 앞에서 무척 싸다는 생각을 하였다. 중국도 예전과는 많이 달라져 있었다. 지금의 중국은 물가가 예전보다 엄청나게 비쌌기 때문이다.

운강석굴은 10여 년 전에 돈황석굴을 들렀을 때 생각나게 해주었다. 먼지가 푸석한 길의 양 옆에는 햇빛을 가리는 큰 양산이 줄 지어서 있었다. 나무도 보이지 않는 메마른 땅에 옅은 갈색이랄까, 약간 회색빛이 도는 황토색이랄까 하는 절벽에는 굴들이 벌집처럼 뚫려 있었다.

나는 찾아가기 힘든 유적지를 찾아갈 때마다 학구열을 충족시켜주기보다는 다른 이유로 뿌듯함을 느낀다. 맥적사에서도 그랬고, 병령사에서도 그랬다. 다른 사람들은 쉬이 찾아갈 수 없는 곳을 다녀왔다는 자만심이 나를 흐뭇하게 해주었다.

고개를 뒤로 젖히고 올려다 보아야 하는 부처상이 여럿이나 조상되어 있었다. 중국의 안내인이 하는 설명을 이 교수님의 통역으로 들었지만 내 마음을 흡족하게 해주지 못하였다. 나는 듣는 둥 마는 둥 하면서 여기저기의 불상을 둘러보았다. 우리나라 초기 불상이 이곳의 불상에 양식적으로 많은 영향을 받았다는 사실을 상기하면서 불상의 양식을 새겨 보았다. 그러나 안내인은 불교와 관련이 있는 설화만을 재미있게 이야기하였다.

대동은 북방의 유목민이 중국으로 들어오는 통로이다. 북위가 중국에 들어와서 도읍지로 정한 곳이 대동이다. 그들은 이미 자기네들에게 퍼져 있던 불교를 가지고 중국에 들어왔다. 당연히 불교 문화도 들어오면서 거대한 불상을 조성하였다. 석굴을 조성한 탓이었는지 그들은 영토를 넓히면서 낙양으로 수도를 옮기고 오랫동안 중국의 북반부를 통일하여 통치하였다.

건조한 땅에 내리쬐는 칠월의 햇살은 무척이나 두꺼웠다. 관광지를 조성하느라 파헤쳐진 땅에서는 흙먼지가 뿌옇게 날았다. 태원으로 되돌아가는 시간도 꽤 걸린다고 재촉하여 우리는 운강석굴을 뒤로하고 태원으로 발길을 옮겼다.

한국에 돌아가면 내가 자랑할 거리가 하나 더 생겼다는 사실에 만족해야겠다. 어차피 바람처럼 스치듯이 지나온 길목에서 만난 석굴에 내가 더 많은 것을 바라는 것은 욕심일 것이다

키질석굴에서

신문에서 '실크로드 문화 답사'에 관한 기사를 보고 동참하기로 마음을 정한 것은 키질석굴 때문이었다. 지난번의 답사 때는 투르판에서 일정을 멈추었으므로 키질에 대한 아쉬움을 잔뜩 안고 돌아왔다.

투르판은 한나라 때부터 중국의 지배를 받았으므로 베제크릭 석굴의 벽화는 중국미술의 영향이 많이 나타난다. 투르판에서 다시 서쪽으로 천릿길보다 더 멀리 달려가야 하는 곳이므로 키질에는 중국의 영향이 약하였다. 인도풍의 벽화가 그려졌다. 그 차이를 눈으로 확인하지 못하였던 것이 아직까지 미련으로 남아 있었다. 키질석굴이 있는 곳은 쿠차이다. 불교를 국교로 삼았던 쿠산 왕조가 직접 지배한 지역이므로 벽화의 양식은 당연히 인도풍이다.

실크로드라고 부르는 서역은 상인들이 다니던 길이지만 불교가 중국으로 들어온 통로이기도 함으로 불교의 유적이 많이 남아 있다. 나는 통상이니, 불교이니 하는 것보다는 그림에 더 많은 관심을 가지고 있다. 인도에서 중국에 가까워질수록 불교 미술이 점점 더 중국화되어 가는 것이 무척 흥미로웠다. 변화가 가장 더디게 나타나는 것이 종교 미술이라고 하지만 지역의 역사와 문화가 종교 미술에도 스며들고 있는 것이 재미있었다.

쿠차를 찾아가는 길은 나무 한 그루 없는 황량한 산과 낙타풀이라는 키가 낮은 사막식물이 듬성듬성하게 있는 고비사막의 길을 수천리나 달려간다. 키질석굴도 나무 한 그루 없는 절벽에 400개 가까운 굴을 벌집처럼 뚫어서 조성하였다. 석굴 아래에는, 그러니까 절벽 아래의 골짜기에는 작은 수량이나마 냇물이 흐르고, 물길을 따라서 푸른 나무가 줄 지어 서 있었다. 옥수수밭도 있었다. 비록 보잘것없는 규모이지만 물이 인간에게 삶의 터를 마련해 주었다. 골짜기 너머에는 다시 풀 한 포기 없는 둔덕과 황량한 산이 이어졌다.

석굴의 규모는 작았다. 안쪽에 부처님을 모시고, 벽과 천장에는 벽화로 장식하였다. 벽에 다시 작은 토굴을 만들어서 스님이 거처한 승방굴을 만들었다. 석굴에 들렀으나 온전하게 자리를 지키고 있는 부처님을 만날 수가 없었다. 벽화는 흙벽이 그대로 뜯겨져 나가서 주인이 도시로 떠나버려 폐가가 된 시골집의 흉물스런 흙벽을 생각나게 하였다.

몇 년 전에 돈황에 들렀을 때에 석굴의 유적을 발굴한 고고학자의 사진을 걸어 둔 기념관에 들렀다. 중국인 해설자는 이 사람은 독일도굴꾼, 이 사람은 미국 도굴꾼…, 하던 말을 실감할 수 있었다.

미술품은 본래의 자리에 있어야 제 가치를 나타낸다는 것은 어린 아이도 알고 있는 진리이다. 자신들의 유물을 지키지 못한 지역민들의 잘못도 있지만, 그들의 무지를 이용하여 벽화를 뜯어간 사람들이 저명한 고고학자라는 이름을 남긴 것을 어떻게 생각해야 할까. 뜯겨진 벽화는 최고의 시설을 갖춘 현대 박물관에서 온갖 호사를 누리면서 보호를 받고 있음에 점수를 주어야 할까. 그러나 있어야 할 곳이 아니라면 아무리 안락하게 지내고 있다 하더라도 벽화로서 수명은 끝이 난 것이 아닐까.

키질석굴이 있는 곳은 나무 한 그루 없는 메마른 땅이다. 골짜기를 따라서 실낱처럼 흐르는 개울이 작은 오아시스를 만들고 있다. 그나마 물길이 끊어진 곳부터는 이글거리는 태양의 열기를 받아서 양철판처럼 달아오른다. 죽음의 길이나 다름없던 땅을 왕래하였던 상인들이 자신의 안전을 간절하게 기도하였던 곳이고, 그 기도를 자비로운 눈길로 받아주던 부처님이 계시던 곳이다. 석굴의 벽화는 내가 생각하고 있었던 것같이 단순한 그림이 아니다. 그 시대를 살았던 사람들의 삶이 배어 있는 현장이다. 그러므로 벽화는 살아서 숨을 쉬는 것이다.

나는 흥미를 잃은 채 안내자의 꽁무니만 따라다녔다. 한 석굴에서 안내자는 벽에 뚫린 통로를 지나서 작은 방으로 안내하였다. 중년 신사의 사진이 모셔져 있었고, 아래에는 한낙연(1898-1947)이라는 이름표가 붙어 있었다.

"이분은 한국 사람입니다. 아니 조선족입니다."

귀가 번쩍 띄었다. 쿠차라고 하면 중국에서도 서쪽으로 너무 멀리 치우쳐져 있는 곳이므로 인도의 영향이 강하게 나타나는 곳이라지 않는가. 여기에 한국 사람이…. 연변 사람으로서 상해미술전문학교를 졸업하고 1929년에 파리에 미술공부를 하러 갔다. 그곳에서 실크로드 미술품이 전시되어 있는 것을 보고 깊은 감동을 받았다고 하였다. 그러나 서역에서 약탈되었다는 것을 알고 아름다움에 매료된 만큼이나 분노의 감정에 휩싸였다고 하였다.

1937년에 중일전쟁으로 귀국하여 참전하였다. 전쟁이 끝나자마자 바로 이곳으로 달려왔다. 그는 옛날에 스님이 머물던 토방에 거처하면서 남아 있는 벽화를 열심히 모사하였다. 서양화 기법으로 모사한 그림을 난주에서 전시회를 가졌다. 그 시대인들의 혼을 담고 있는 그림의 가치에 대하여 너무 무지몽매한 중국인들을 깨우치기 위한 것이 목적이었다고 하였다. 그의 사진 옆에는 모사한 그림도 놓여 있었다. 도티만 걸치므로 나체에 가까운 몸을 이상한 자세로 비들고 있는 인도풍의 그림이었다.

석실을 둘러본 소감으로는 그림이 너무 낡고 퇴색되어서 형태를 알아보기 어려운 것들이 많았다. 뜯겨져 나간 벽면은 누더기 같았고, 남아 있는 그림도 분별이 안 되도록 훼손되고 파괴되어 있었다. 그가 모사한 그림들은 후손들에게 너무나 값진 유산이 된 것이다. 1947년에 중국 본토에서 전시를 하러 그림을 가지고 가다가 비행기 사고로 생애를 마감하였다. 그가 그린 많은 그림도 사라져 버렸다. 그러나 그의 혼은 서역의 낯선 땅에서 나에게 깊은 감동을 전해 주었다.

내가 실크로드 답사에 따라 나선 것은 낯선 것에 대한 호기심 때문만은 아니었다. 실크로드에 걸쳐 있는 불교의 유적들이 나를 유혹하였다. 나는 여행 동안에 실망만 쌓아가고 있었다. 일행들의 불교 미술에 대한 무관심으로 건둥건둥 지나쳐버리는 것도 그랬고, 폐허처럼 되어 버린 유적에 대해서도 마뜩잖은 기분을 가지고 있었다.

그러나 이것은 커다란 소득이었다. 미술을 진정으로 사랑한 사람을 만나므로 미술사랑이란 어떤 것인가를 깨달았던 것이다. 자신의 지식을 확인함으로써 정신적인 호사나 맛보려 하였던 나 자신이 부끄러웠던 것이다.

어쨌거나 키질석굴은 나에게 좋은 가르침을 주었던 곳이다.

황산을 다녀와서

버스가 항주를 벗어나자 너르디너른 들판이 질펀하게 이어졌다. 휑하니 뚫려 있는 고속도로는 두어 시간을 달려 나가자 산과 산 사이를 스며들듯이 빨려들어 갔다. 군데군데에는 사방이 산으로 둘러싸인 작은 들녘들이 나타났고, 도로 한편에는 깊은 산골에서 흘러내린 물이 길을 따라가면서 작은 강을 만들었다.

"지금, 황산이 있는 황산시의 구역에 접어들었습니다. 황산시는 ─현, ─현, 그리고 흡현으로 이루어져 있습니다. 길 옆에 보이는 저 강이 신안강입니다. 이 강물이 전당강으로 이어집니다."

꾸벅꾸벅 졸던 나는 흡현과 신안강이라는 말소리에 홀연 잠이 깨었다. 여기가─! 명나라가 망하자 청에 저항하다가 이리 저리 쫓기면서 스님이 된 유민화가 홍인이 태어난 곳이 안휘성 흡현이다. 홍인을 따르던 안휘성 화가들을 신안파라고 부른다. 홍인이 그린 황산의 유혹을 이기지 못하여 이번 여행길에 따라 나섰다. 지금 내가 지나고 있는 이곳이 홍인이 숨 쉬고 살았던 땅이라고 하니 야릇한 기분이 되었다.

나라를 잃고 승려가 되어 떠돌던 그가 고향인 흡현에 돌아와서 은거의 삶을 살면서 황산을 화폭에 담아내곤 하였다. 사대부였던 그가 승려가 되고 난 후에 그림을 팔아서 생계를 꾸렸던 것이다. 홍인의 삶과 그림에 매료되었던 나는 그가 수도 없이 그렸던 황산을 내 눈으로 직접 보고 싶었다.

황산은 중국에서도 풍광이 빼어나게 아름다운 산이다. 그가 고향의 황산을 그린 것은 하나도 이상할 리 없다. 그런데도 나는 홍인이 황산을 그리고, 또 그리고 하였을 때는 어떤 심경이었을까? 하는 생각이 머리를 메우고 있었다.

험한 길을 곡예를 하듯이 달리는 버스를 타고 깎아지른 듯한 절벽 사이를 지나 산곡의 아주 깊숙한 곳까지 들어갔다. 그곳에는 산정을 오르는 케이블카가 설치되어 있었다.

고속도로를 달려 올 동안에는 여름의 햇살이 따가웠으나 신비를 더해주듯 산속에서는 간간이 비마저 뿌리고 있었다. 하늘을 찌를 듯 창끝 같고, 기이한 동물의 형상을 닮은 봉우리들이 시위를 하듯이 줄지어 서 있었다. 바람이 쏴아 하고 소리를 지르면 산봉은 금방 구름 속으로 자취를 감추곤 하였다.

이 장관을 앞에 두고 나는 엉뚱하게도 헤일 수 없이 황산을 찾았다는 홍인이 이 험준한 산을 어떻게 올랐을까 하는 생각을 하였다.

지팡이에 의지하여 바위를 타고 가파른 산을 오른다는 것은 믿어지지 않았다. 오르기보다는 틀림없이 산 아래에서 시시로 모습을 바꾸는 산을 경외감에 젖어서 바라보았을 것이다. 그리고 그림으로 옮겼을 것이다.

쉽게 다가갈 수 없는 곳일수록 상상력을 샘솟게 한다. 홍인도 저 산을 바라보면서 신비에 싸여 있는 상상의 땅으로서 유토피아를 꿈꾸었을 것이다. 홍인의 그림에는 바위가 험하게 솟아있는 벼랑이더라도, 또는 절벽 사이를 흐르는 계곡의 물가에도 집 한 채를 그려둔다. 단지 바라보기만 하는 산이 아니고 사람이 살고 있는 이상향으로 그렸다. 내 눈으로 아무리 바라보아도 사람이 살기에는 너무 험준하고 가파르다. 그런데도 홍인은 외딴집 한 채라도 그려 넣으므로 사람을 흔적을 남기고 있다. 아니 그의 염원을 그렸을 것이다.

홍인은 승려가 되었더라도 속세의 인연을 쉬이 버리지 못하였다고 한다. 그래선지 그의 그림에는 사람 사는 세상에 대한 열성과 그리움이 담겨 있다. 황산의 거친 산세 속에 작은 정자라도 그려서 인간 세상과 인연의 끈을 묶어 놓고 있다.

내가 황산을 찾아서 멀리 대구서 이곳까지 찾아온 까닭은, 그림을 통해서이지만 황산을 이상향으로 꿈꾸어 왔기 때문일 것이다. 삶의 끈에 단단히 묶여 살고 있는 사람에게는 유토피아는 하나의 대척점이 되어서 그리움을 안겨준다. 황산은 속세의 때가 묻지 않는 태고의 바람이 스치는 곳이다. 천 년의 세월이 말없이 머물고 있는 적요의 땅이라고 믿었기 때문에 찾아왔을 것이다.

케이블카의 정류장 앞에는 북적이는 사람들로 하여 발디딜 틈이 없다. 알아들을 수 없는 중국말은 소음이 되어서 시끄럽기만 하다. 야외복 차림의 알록달록한 색상은 서로 요란하게 부딪히면서 내 눈을 어지럽게 하고 있다.

덜커덩거리는 소리를 내면서 천천히 다가오는 케이블카에 얼른 올라탔다. 창 너머로는 손이 닿을 듯 가까이서 지나치는 바위 절벽이 숨이 막히도록 장엄하였고, 깊은 골짜기는 유장하여 눈길이 머무를 곳이 없을 만큼 아득하다. 산세와 케이블카는 참으로 묘한 조합을 이룬다. 속세와 선계라고 할까.

나는 케이블카를 타고 홍인이 감히 상상도 못한 자리에서 산을 조망하고 있다. 그 옛날에 홍인이 외경의 마음으로 우러러 보았을 황산을 나는 눈 아래에 깔고 내려다보고 있다. 홍인이 신비의 유토피아로 그렸던 산을 나는 지금 단지 아름다운 풍광으로만 바라보면서 감탄하고 있다. 홍인이 영혼을 쏟아 부었다면 나는 그냥 감정의 파도를 타면서 즐기기만 하고 있다.

황산에 올랐다. 저녁 어스름이 깔리자 계곡과 절벽의 틈새에 비집고 앉아 있는 건물에서 불빛이 요란하다. 사람이 떠드는 소리는 탁음이 되어서 계곡의 물소리마저 묻어 버린다. 속세나 다름이 없다. 홍인이 바라본 산은 아닌 것 같다.

홍인이 죽었을 때 친구들과 제자들이 그를 황산의 피운봉 산자락에 묻고, 무덤 주위에는 매화나무를 수십 그루 심어 주었다. 물소리와 새소리와 바람소리와 더불어 있게 하였다. 구름과 안개에 묻혀 있는 산봉을 우러러 바라보게 해주었다. 그가 그림으로 그렸던 이상향에서 영원히 머물도록 해주었다.

나는 천천히 하강하고 있는 케이블카에 앉아서 점차 멀어져 가는 산봉과 계곡을 바라보았다. 안개에 묻혀서 신비감을 안겨주던 황산은 내 눈의 초점에서 벗어나서 희미해져 갔다. 속세로 되돌아가는 내 발길은 산을 오를 때보다 오히려 더 가볍다. 홍인의 이상향을 찾아 나섰던 내 여행길이 피로에 젖어 있었기 때문이다. 나는 홍인처럼 영원히 머물 수가 없다. 나는 홍인이 아니었다.

속세에 절어 있는 나에게 이상향은 어디에도 없다. 다만 아름답게 꿈꿀 때만이 내 앞에서 신기루가 되어 나타날 뿐이다. 이제 다시 속세의 삶이 미련이 되어서 돌아오라고 손짓을 하는 내 집이 그립다. 지금은 황산이 아닌 그곳이 나의 유토피아이다.

그곳이.

실크로드를 따라서

이번 여행에 따라 나선 것은 순전히 무지의 소치였다. 불교 미술을 공부하면서 보살상의 화려한 장식이 소그드라는 곳의 영향이라고 알았다. 이번 여행의 일정이 바로 예전에 소그드라고 불렀던 땅을 돌아다니는 것이다. 그곳에 가면 책을 통해 알았던 사실을 눈으로 확인할 수 있으리라.

오늘에는 무슨 스탄, 무슨 스탄이라고 이름이 붙은 나라들이다. 칭기즈칸 이래로 티무르 제국 등의 거대한 국가가 자리를 잡았던 곳이다. 내가 흥미를 느꼈던 것은 이곳의 역사가 아니고 문화이다. 문화의 교류가 일어난 실크로드라는 길을 달려보는 것이고, 그 문화가 우리나라에 흘러들어 온 길을 눈으로 보고 싶었다.

몇 해 전부터 실크로드 답사를 통하여 서안에서 까슈가와까지 가는 사막길에서 많은 불교 유적을 보았다. 천산북로라고 부르는 또 다른 실크로드에는 어떤 유적이 나를 맞아 줄지가 궁금하였다. 비행기를 타고 갈 때도, 공항을 빠져 나올 때도 어떤 유적이 나를 맞이해 줄까 싶어서 가슴이 설렜다. 초원지라고 하니 시원한 풀밭이 펼쳐져 있으리라는 기대도 하였다.

우즈베키스탄의 수도인 타슈겐트에서 다시 두 시간 동안 비행기를 타고 가면서 내려다본 땅은 온통 황토 빛으로 물들어 있었다. 타림분지라고 하던가. 아니 타클라마칸 사막이라고 하였다. 그 길을 다시 12시간 동안이나 버스를 타고 달려야 하는 지옥길의 행로는 까맣게 몰랐다.

히바는 16세기 초에 티무르 제국의 수도가 되면서 지금 20개의 모스크, 20개의 마드라사, 6개의 미나레트를 남겼다. 여장을 푼 호텔의 바로 앞에는 티무르 왕국의 성벽이 가로막았다. 이후의 여행 길에서는 꼭 같은 형태(내 눈에는)의 건물을 두고 모스크, 마드라사, 미나레트라는 말을 귀가 따갑도록 들었고, 영묘도 수없이 보았다. 어디에도 내가 기대하였던 불교 유적이나, 스키타이 문명은 흔적을 보지 못하였다.

나무 한 포기 찾아보기 힘들었던 흙벽돌담 사이의 골목길은 후끈 달아오른 열기가 가득하였다. 가이드를 따라다니면서 설명을 듣는 일도, 아니 햇볕 아래에 서서 왕국의 역사 이야기를 듣는 일은 차라리 고통이었다. 담벼락이 만들어 주는 좁은 그늘이라도 나타나면 우 몰려가서 햇볕을 피하였다. 일행 중 한 사람이 현지인에게 빌려 온 온도계에는 그늘인데도 섭씨 47도를 가리켰다. 햇볕에서는 족히 55

도는 된다고 하였다. "이걸 기록으로 남겨야 돼."라면서 온도계를 들고 사진을 찍느라 법석을 떨었다.

나는 미술사를 공부하면서 이슬람 미술은 외면하였다. 그림과 조각상을 허용하지 않으므로 흥미를 끌 만한 작품을 만날 수 없었다. 모스크로 대표되는 건물 양식도 단조롭고, 변화가 없었다. 그만큼 기대하였던 미술품을 만나지 못하였다. 거기에다 사람의 생기를 흐물흐물하도록 녹여버리는 열기는 여행에 따라나선 내가 후회하게 했다. 그렇더라도 젊은 시절에 보았던 영화 속의 대장 부리바가 말을 타고 달렸던 대초원이고, 용맹무쌍하였던 코사크기병의 고향이라는 땅을 버스를 타고 달리면서 상상의 나래를 펼칠 수 있었던 것은 즐거움이었다.

카자흐스탄의 알마티 박물관에서 처음으로 스키타이 문화라고 하는 황금 갑옷과 동물 문양의 장식품을 만났다. 그러나 전시품은 빈약하기 짝이 없었다. 박물관을 소개하는 책자를 구하였으나 소련어로 된 논문집이어서 살 수 없었다. 내가 기대하고 왔던 것을 조금이나마 채울 수 있었던 것은, 한 시간도 안 되었지만 알마티 박물관의 관람이었다. 책이라도 구했으면 하는 아쉬움을 남기고 돌아나올 수밖에 없었다.

알마티에는 그리스 정교의 교회도 있었다. 성당의 내부는 모스크와 달리 화려하게 장식하였다. 정면에는 수많은 성인이 열을 지어 있는 그림이 있었다. 십자가나 십자가에 못 박혀 있는 예수 상만으로 장식되어 있는 한국의 성당, 교회보다는 훨씬 더 화려하였다. 이에 비한다면 모스크의 내부는 텅 빈 창고나 다름 아니었다. 사막지대에서 생겨난 종교가 그림이나 조각상을 허용하지 않는 것은 코란에 의하였더라고, 코란이 금지한 까닭이 반드시 있을 것이다. 그것까지는 내가 알 수 없다. 내가 무지한 것이다.

고딕 성당이나 그리스 정교회의 교회에 수많은 성인을 조상하여 숭배하는 것은 또 하나의 다신교적인 면모라고 쓴 글을 보았다. 그렇다면 이슬람교가 형상을 없앤 것은 유일신 숭배를 강조하기 위한 것일까? 이슬람의 예배 의례가 비교적 단순하다니까 몸을 지탱하기도 겨운 더위에 적합한 예배 의례라서일까? 모슬렘의 단순성이 그런 환경에 연유한 것이라면 수긍이 될 듯도 하였다. 한편으로는 마찬가지로 유일신을 신봉하는 가톨릭에서 그림을 그리고, 조각상을 만들고, 성인을 숭배하는 것도 나름대로 인간의 원초적 욕망 때문이지 싶었다. 그렇다면 알라신을 신봉하는 모슬렘도 인간이 갖고 있는 원초적 욕망을 벗어버릴 수 있을까?

사마르칸트에 있는 티무르 대왕의 영묘를 방문하면서 얼핏 이런 생각이 떠올랐다. 단순한 모스크에 대신하여 화려하게 지은 영묘에는 시신을 모시고 참배를 한다. 영묘도 화려하게 꾸민다. 타지마할은 말할 것도 없고, 지나온 도시의 모슬렘 유적지에는 모스크와 이웃하여 영묘가 있었다. 교회 안의 성인상과 영묘에 모셔져 있는 유명인의 시신은 서로 유사점이 있다는 생각이 들었다. 그러고 보니 모스크도 영묘도 정교하고, 화려하기 이를 데 없는 문양으로 채워져 있었다. 나무문에 조각해 둔 문양도, 여인들이 입고 있는 의상의 문양도 화려하여 눈이 부실 정도였다. 너무 화려하여 오히려 번거로웠다.

"맞다. 저거다."

순간 내 머리를 스쳐가는 것은 우리나라 보살상이 입고 있는 의상의 화려함이었다. 저 화려한 문양과 장식이 우리나라 보살상에 연계되어 있겠구나. 모슬렘은 모스크에 비록 그림과 조각상은 남기지 않았더라도 영묘와 화려한 장식을 통하여 인간이 갖는 욕망을 채웠구나. 그렇다면 인간이 사는 모습은 어디에서나 같다는 생각을 해 보았다.

기생충약이라도

프놈펜 지역의 메콩 강은 두 줄기 강물이 만나서 바다처럼 넓다. 강둑의 저쪽은 가물가물하여 그림자처럼 흐릿하고, 지평선에 닿아 있는 산까지 온통 편평한 들녘이 펼쳐져 있다. 쏟아지는 태양의 열기와, 한없이 너른 평야에는 군데군데에 늪지가 산재해 있어 벼농사를 짓기에는 하늘의 혜택을 한껏 누리는 땅이다. 이 땅에 사는 사람이 굶주림으로 고통을 받다니 선뜻 이해가 안 간다.

얼마 전까지만 해도 쌀의 세계적 수출국이었다고 말하는 여자 가이드는 무척 예뻤다. 늘씬하게 큰 키는 팔등신이다. 그녀의 말마따나 궁핍한 이 땅에서 미모의 여인이 10여 년을 살고 있는 이유가 못내 궁금하였다. 속된 말로 저 용모이면 멋진 남편을 만나서 문명의 땅에서 풍족하게 살고 있을 텐데, 조금은 연민의 마음이 되었다.

안내를 하다 잠시 쉬는 틈에 그녀의 신상을 슬쩍 물어보았다.

"꽃처럼 예쁜 미인이 가난하고, 거친 땅에 살고 있다는 것이 이해가 안 가네."

농담을 섞어서 말을 건넸다. 10년 이상이나 사진을 찍으러 동남아 지방을 돌아다니다가 남편을 만나서 정착하였다고 했다. 여행을 다니다 보면 우리와는 좀 별난 삶을 살고 있는 사람을 자주 만난다.

"사진작가?"

"작가는 아니고, 그냥 아마추어입니다. 어린이를 좋아해서 어린이 사진을 찍으면서 동남아 지역을 돌아다녔어요."

"10년이나?"

"제가 좋아하니까요. 여기에 와서 이곳 아이들을 3명이나 입양하였습니다. 제 아이 둘과 모두 다섯 명의 어머니랍니다."

삼십 초반, 기껏해야 중반을 넘지 않아 보이는 이 엄마의 제일 큰 아들은 열일곱 살이라고 하였다. 농촌 마을에 들렀다가 열 살이 넘도록 학교에 다니지 않던 아이를 잔심부름도 시킬 겸, 겸사겸사하여 입양하였다. 이 아이는 머리가 좋아서 몇 번이나 월반을 하여 지금은 고등학교에 다닌다.

어느 날 저녁에, 집 뒤의 나무 밑에 앉아서 어깨를 들썩이며 울고 있었다. 다가가서 어깨를 두드리면서 왜 우느냐고 하였더니 고향에 있는 동생들이 불쌍하다고 했다. 학교에 다니지 않고 소처럼 일만 하면서 가난하게 살고 있는 동생이 생각났다고 하였다. 왜 학교에 보내지 않는지가 나도 궁금하였다.

“이 땅이 바로 킬링 필드가 아닙니까. 평등사회라는 구호를 내건 폴 포트 정부가 머리에 먹물이 든 사람은 무조건 죽였지요. 1000만 남짓 인구에 300만 명이 죽었어요. 그때의 악몽 때문에 이 나라 사람들은 아이를 학교에 보내지 않지요. 지금의 정부에서 많은 독려를 하고 있지만 자라 보고 놀란 가슴을 진정시키기가 쉽지 않나 봅니다.”

그랬었구나. 폴 포트 정부를 이끈 사람들은 이 세상을 아득한 옛날에 있었다는 원시의 낙원 마을을 건설하려 했다. 다만 이 세상에는 유토피아는 존재할 수 없다는 것을 몰랐을 뿐이다. 문득 숱한 이념의 구호들로 귀가 멍멍한 오늘의 우리가 머리를 스친다.

“여긴 어마어마한 구호보다는 기생충약이 필요해요. 얼마 전에 김혜자 씨가 이끈 사랑의 구호단이 기생충약을 갖고 왔는데 금방 동이 났어요. 나도 한 알 얻어 먹으려고 얼마나 애를 썼는지….”

그리고는 까르르 웃었다. 이 나라는 너무 가난하여 모든 것이 부족하다고 하였다. 6·25전쟁을 겪고 있을 때에 내가 초등학교에 입학하였다. 기생충약이라면서 학교에서 산토닌을 나누어 주던 일이 생각났다.

나는 속으로 기생충약이라면 수천 명 분의 약도 보낼 수 있겠다는 생각을 하였다. 귀국하고 벌써 반 년도 더 지났다. 기생충약도, 슬픔의 땅도 기억 속에서 아물아물하기만 하다. 혹시나 가이드의 예쁜 얼굴 때문에 그런 마음을 가졌을까? 사람의 마음이란 간사하기 짝이 없나 보다. 내가 사랑을 실천한다는 것도 헛된 욕심이었나 보다.

이동민 수필집
잘사는 게 뭐지?
인　　쇄　2012년 8월 6일
발　　행　2012년 8월 10일

지 은 이　이 동 민
발 행 인　서 정 환
발 행 처　수필과비평사

출판등록　1984년 8월 17일 제28호
주　　소　서울시 종로구 익선동 30-6
운현신화타워 빌딩 2층 208호
전　　화　(02) 3675-5633, (063) 275-4000
팩　　스　(063) 274-3131
메　　일　essay321@hanmail.net

값 12,000원

ISBN 978-89-97700-48-6　03810